viagem sem GAFE

Mark McCrum

EDITORA GLOBO

EDITORA GLOBO

Título original: Going Dutch in Beijing
Ilustrações: Hannah Shaw

Tradução	Renato Marques de Oliveira
Preparação e revisão	Valquíria Della Pozza
Projeto gráfico e paginação	Lara Bush
Capa	Roberto Yokota
Índice remissivo	Luciano Marchiori

1ª edição

Dados Internacionais de Catalogação na Publicação (CIP)
(Câmara Brasileira do Livro, SP, Brasil)

McCrum, Mark
Viagem sem gafe : descubra como se comportar da América Latina a Ásia / Mark McCrum ; [tradução Renato Marques]. — São Paulo : Globo, 2008.

Título original: Going dutch in beijing
ISBN 978-85-250-4421-1

1. Viagens - Comportamento e etiqueta
I. Título.

08-05267 CDD-395.09

Índices para catálogo sistemático:
1. Viagens : comportamento e etiqueta 395.09

Impressão e acabamento:
Prol Editora Gráfica

EDITORA GLOBO S.A.
Av. Jaguaré, 1.485
São Paulo, SP, Brasil
05346-902
www.globolivros.com.br

Sumário

BEM-VINDO AO
MUNDISTÃO
ALDEIA GLOBAL
COLADINHO COM MARTE

Introdução

Uma pesquisa de âmbito mundial foi realizada pela Organização das Nações Unidas. A única pergunta era: "Você poderia, por favor, dar sua opinião honesta sobre as soluções para a escassez de comida no restante do mundo?".

A pesquisa foi um fracasso. Na África, não sabiam o que significava "comida"; na Índia, não sabiam o que significava "honesto"; na Europa, não sabiam o que significava "escassez"; na China, não sabiam o que significava "opinião"; no Oriente Médio, não sabiam o que significava "soluções"; na América do Sul, não sabiam o que significava "por favor"; e, nos Estados Unidos, não sabiam o que significava "restante do mundo".

Essa piadinha, que circulou na internet depois de ser disponibilizada por funcionários descontentes da própria ONU, aponta para um problema central do nosso mundo tecnológico, globalizado e cujas distâncias se encurtaram. Mesmo que tenhamos chegado a uma época em que uma mulher da Letônia pode se comunicar num segundo com um homem na Patagônia e, se tiver condições financeiras para tanto, pegar um avião e vê-lo em 24 horas, antiqüíssimos hábitos, costumes e atitudes locais continuam firmemente arraigados. A possibilidade de cometer gafes constrangedoras e *faux pas* francamente ofensivos se torna cada vez mais freqüente.

Alguns pequenos desastres e indiscrições intelectuais não causarão muito problema. Por mais que acredite na igualdade absoluta entre as pessoas, o finlandês que insistir em "rachar a conta" com seus colegas de negócios chineses num restaurante em Pequim poderá ser corrigido de maneira delicada; o máximo que pode acontecer ao educado japonês que chegar a um jantar em Paris trazendo debaixo do braço uma refinada garrafa de vinho, de excelente safra, será encarar a cara feia ou as sobrancelhas franzidas do anfitrião; e o único embaraço que a californiana que sair para a noitada em Togo usando no pescoço as belas contas nativas do país vai ter de enfrentar será ouvir algumas risadas. Já outros erros podem causar problemas maiores. O executivo norte-americano que entrar numa sala de reuniões na Arábia Saudita usando uma engraçadíssima gravata com desenhos de porcos cor-de-rosa pode descobrir que acabou de perder o contrato; da mesma maneira, o inglês de férias na Sardenha que, num engarrafamento de trânsito, cumprimentar o motorista ao lado com o alegre sinal de "polegar para cima" não deve ficar surpreso se for jogado para fora da pista na próxima curva.

As diferenças mais inatas são ainda mais profundas. Por mais que você tente convencer um britânico ou um sueco de que as filas são consideradas perda de tempo na Itália, na China ou no Oriente Médio, o DNA cultural deles vai insistir que há algo de imoral numa pessoa desprovida do senso mais básico de justiça e igualdade a ponto de não se dispor a aguardar a vez; já para o alemão obrigado a amargar uma hora e meia de espera antes de ser finalmente recebido para uma reunião no Brasil, pode ser difícil não tratar essa falta de pontualidade como menosprezo pessoal.

No mundo todo, a marcha da globalização está sendo refreada por mal-entendidos semelhantes, com relação a aspectos como a importância dos prazos, a obediência às regras, o respeito aos contratos, questões éticas de favorecimento a familiares em detrimento de forasteiros e o correto equilíbrio entre trabalho e vida. Não há como escapar dessas variações de atitudes e modos de comportamento, cultivados ao longo de séculos e tão afinados com as circunstâncias locais quanto a flora e a fauna nativas.

Obviamente, o fluxo cada vez maior de viagens e da migração está mudando as coisas no mundo todo — sem falar das poderosas influências interculturais dos filmes e da tevê. No Japão, as pessoas apontam e encaram fixamente como nunca antes fizeram; os novos russos vêem o *nyekulturny* (comportamento incivilizado, não refinado) com uma risada irônica; no Oriente Médio, sob as *abayas*, as meninas usam "roupas de ir para a balada". Mas, no que tange à cultura, ainda não vivemos numa "aldeia global" ou "mundo plano" — como alguns eruditos querem nos fazer crer. Embora hoje em dia a maior parte dos asiáticos já esteja totalmente familiarizada com o aperto de mãos ocidental, e os homens de negócios norte-americanos mais astutos tenham aprendido a não acelerar as coisas na China, ainda é possível ofender um motorista numa estradinha de terra da Grécia com um gesto de mão errado, ou causar constrangimento a um japonês pisando de meias na *genkan*.

Este livro lança um olhar leve sobre aspectos que vão desde os primeiros cumprimentos aos ritos finais, tratando de áreas fundamentais. Gestos, conversas, roupas, presentes, brindes, hábitos à mesa: há muitas maneiras de ofender facilmente as pessoas — ou de não ofender. Depois de examinar alguns costumes, estilos de vida e sistemas de pensamento que podem intrigar e confundir o forasteiro — da importância da manutenção da dignidade e o cuidado com a humilhação e a "cara no chão" na Ásia à necessidade ocasional do *bakshish* no norte da África —, passo a falar de diferenças culturais que podem arruinar uma viagem de negócios, antes de algumas considerações sobre o que acontece quando você permanece em terra estrangeira tempo suficiente para se envolver em outro sentido: namoro, romance, e até mesmo casamento. Se você não se casar, talvez seja convidado para uma cerimônia de casamento — e o que poderia ser pior do que dar de presente 40 mil ienes no *shugibukuro*? Deus não permita que você fique doente ou morra durante suas viagens, nem que esteja na companhia de alguém que adoeça ou passe desta para melhor, mas não pude resistir à tentação de incluir também alguns rituais e atitudes relacionados a esses aspectos, bem como tecer rápidos comentários sobre os sistemas de crenças subjacentes.

Espero, sinceramente, que quando tiver chegado a meu capítulo sobre as despedidas, você já não olhe de soslaio o cavalheiro japonês que, ao apertar sua mão, contemple seus sapatos, nem que desconfie dele se ele passar a reunião inteira de olhos fechados; espero que você já não se sinta afrontado pelo africano que nunca diz "Por favor" nem "Obrigado". Pelo mesmo motivo, que você não faça gestos extravagantes demais na China; que tire o casaco quando for a um teatro na Rússia; e que nunca passeie de mãos dadas com alguém no Irã (a menos que seja do mesmo sexo). E espero que, quando convidado para um jantar marcado para as oito da noite, você apareça às oito em ponto em Colônia, mas nunca antes das, pelo menos, nove em Caracas; que você deixe um pouco de comida no prato no Cairo, mas que nunca faça isso, por favor, em San Salvador.

É claro que, em geral, os moradores locais são generosos e tolerantes com os forasteiros. Um gesto simpático e um sorriso amigável operam milagres em qualquer lugar do mundo. Ser genuíno e ter vontade de aprender sobre uma cultura é muito mais útil e pode levar você muito mais longe do que se ater estritamente a uma lista de coisas permitidas e proibidas. Mas, certamente, é melhor ter conhecimento das armadilhas e percalços do que não ter, é melhor saber quando uma desastrada tentativa de usar a língua local vai encantar ou ofender — sem falar em como dizer *skål* corretamente ou o que não fazer com os *hashis*.

Tenho plena ciência de que muitas de minhas observações sobre outras culturas são necessariamente generalizações, completamente injustas e incapazes de descrever com correção o californiano discreto, o japonês falastrão, o saudita feminista, o brasileiro pontual, o australiano esnobe — tipos dos quais já tive o prazer de conhecer três espécimes. Mas, qualquer um que viaja sabe que, às vezes, as afirmações mais genéricas acerca de um país são verdadeiras: por exemplo, se um inglês esbarrar em você, em geral pedirá desculpa.

Um dia, e não vai demorar muito, sem dúvida viveremos todos num mundo que será o equivalente global das ruas principais da Inglaterra contemporânea — horrivelmente uniforme e anódina. Quando isso acontecer, este livro será um lembrete singular dos dias que se foram. Enquanto isso, nosso planeta continua sendo um lugar vasto e extraordinário, a cujo comportamento bizarramente variado este livro só pode ser uma modesta introdução.

Como dizem na Coréia do Sul: 즐기십시요!*

* "Bom proveito e divirta-se!"

Nota sobre a transliteração

Para a escolha das muitas palavras e expressões estrangeiras, invariavelmente optei pelas formas usadas com mais freqüência na parte do mundo em discussão. Entretanto, e particularmente quando a grafia reflete transliteração fonética de outros alfabetos, é raro que haja apenas uma forma. A saudação árabe básica *Assalamu 'alaykum*, por exemplo, também é grafada *'Salaam alaikum*, *As-salam'alaik*, *A salamo a-leikom*, *As-salamu alaikum*, *Salamu Alaikum*, *Salam 'a aleiko* (no Egito) e *Selam aleyküm* (na Turquia), para citar apenas algumas variações. E o brinde russo *Na zdorovye*, na Polônia é *Na zdrowie*, na Bulgária é *Na zdrave*, na República Tcheca é *Na zdraví*, na Eslováquia é *Na zdravie*, e na Sérvia, *U zdravlje*.

Se você tiver correções, acréscimos, observações e dicas locais, por favor, entre em contato comigo pelo site: www.goingdutchinbeijing.blogspot.com.

Agradecimentos

No trabalho de compilação deste livro, consultei — entre outros — os livros mencionados na seção Leituras Adicionais, e sou muito grato aos autores pelas idéias, sacadas e observações que acrescentei às minhas próprias. Agradeço igualmente a todos que responderam incansavelmente a minhas intermináveis perguntas nos fóruns interculturais da internet. Também, é claro, às numerosas e gentis pessoas que toleraram as gafes que cometi em viagens ao longo da vida, de Zululândia, na África do Sul, a Santiago do Chile. Pela inspiração, pelas sugestões, verificação de fatos, dicas, pelo conhecimento especializado e muito mais, minha dívida de gratidão, entre muitos outros, é para com: Amir Amirani, Stephen Barber, Naomi Gryn, Benedict Flynn, Dave Ho, Daniela Krautsack, Georgina Laycock, Parish Parmar, Alice Mogwe, Kimiko Pulsford, G. T., Mike Tsang e Jan van Maanan.

Obrigado, como sempre, ao agente Mark Lucas, pelo fechamento dos contratos e pela sábia consultoria; ao editor Daniel Crew, pelo estímulo e o trabalho meticuloso no manuscrito; aos editores/preparadores de texto Matthew Raylor e Trevor Horwood, e a todos os outros da moderna e antenada equipe da Profile. Por fim, pelo amor, apoio e por algumas boas dicas de mochileira, a minha esposa, Jo.

1

Ha na?

Saudações

Não é à toa que as culturas primitivas lidavam com cautela e pisavam em ovos em relação a forasteiros. Já a partir do primeiro instante em que alguém bate os olhos em outro ser humano surge a possibilidade de mal-entendidos e equívocos. Para os que estão acostumados à informalidade, podem parecem pouco importantes e até irrelevantes as sutilezas e minúcias de conduta que marcam nosso primeiro contato com estranhos. Mas o fato é que a maneira correta de cumprimentar as pessoas ainda varia enormemente de um lugar para outro...

Bula!

Em Manhattan, Londres ou Xangai, dizer "Olá!" (ou "*Ni hao*")* para um desconhecido na rua seria visto como um gesto esquisito, até mesmo invasivo. Se você fizer isso, é bastante provável que as pessoas nem sequer respondam e acabem supondo que você ou é estrangeiro ou caipira. Longe do alvoroço narcisista das capitais, porém, as coisas são mais tranqüilas e descontraídas. Mesmo nas maiores cidades do sul dos Estados Unidos, como Atlanta, na Geórgia, as pessoas sempre dizem "*Hi*" ("Oi") ou "*Howdy*" ("Bom") umas para as outras na rua, e o mesmo acontece na ensolarada Fiji, onde o cumprimento é *Bula!* (literalmente, "Vida!" ou "Saúde!"). Quanto mais local o ambiente, mais se considera rude *não* dizer alguma coisa. Nas cidadezinhas da França, por exemplo, julga-se normal e polido dizer "*Bonjour, monsieur*" ("Bom dia, senhor") ou "*Bonsoir, madame*" ("Boa noite, senhora") para as pessoas que passam; já em Nova Orleans, os moradores sentados nas varandas e alpendres esperam dar e receber dos passantes, mesmo desconhecidos, um cordial "Boa-noite".

Ha na?

Em geral, os africanos são extremamente amistosos e sem-cerimônia em todo o continente. Em muitos lugares é normal cumprimentar desconhecidos, não apenas com um "Oi", um "*Bonjour*" ou um "*Dumela*", mas a saudação prossegue com um "Como vai, tudo bem?" ("*Ha na?*", em crioulo), ou "*Habari gain?*" (em suaíli, suaíle, swahili) etc. Na maioria das vezes a pergunta é respondida com uma fórmula tradicional de "Eu vou bem", quase sempre seguida de "E você, como vai?", que por sua vez deve ser respondida com um "Eu também vou bem", que conclui a saudação e permite que a conversa enverede por outros assuntos. Em Botsuana, a seqüência é a seguinte:

Dumela, rra (ou *mma*, para mulher)	Oi, senhor (ou senhora)
Dumela, rra. Le kae?	Oi, senhor. Como vai, tudo bem?

* Do mandarim: "*Ni*" quer dizer "você", "*Hao*" é "bom". (N. T.)

Ke teng. Le kae?	Eu vou bem. E você, como vai?
Ke teng	Eu também vou bem.

Só agora, finalmente, você pode dizer que gostaria de comprar duas daquelas belas melancias ou perguntar o melhor caminho para chegar ao centro da cidade.

Mais para o norte, as mesmas perguntas rituais podem ser entendidas ao pé da letra, e a gentil "E você, como vai?" pode ser respondida com uma enxurrada de felizes novidades pessoais ou um jorro de deprimentes relatos da vida privada, e o interlocutor espera que o ouvinte reaja e responda de maneira apropriada. Em alguns lugares a coisa vai ainda mais longe: na zona rural de Camarões, o forasteiro não é apenas cumprimentado, mas parado na rua pelos aldeões, que então desfiam um rosário de perguntas: de onde você é, há quanto tempo está no vilarejo, quem são seus pais, podemos fazer alguma para ajudar, e assim por diante. O estrangeiro que é mais velho, portanto merecedor de respeito, e não aceita se submeter ao escrutínio é considerado extremamente rude.

Terve!

Em total contraste com isso tudo está a Escandinávia. Na Suécia, raramente alguém cumprimenta um rosto desconhecido, mesmo que seja no interior mais remoto, bem no meio do mato. Na Finlândia, os moradores são igualmente taciturnos. Quando dizem "Oi", há vários graus de cumprimento: "*Terve!*" ou "*Päiväa!*" são saudações formais para desconhecidos. "*Hei!*" é uma versão mais amigável, para aqueles que vemos com mais freqüência, ao passo que "*Moi!*" é para os íntimos, para as pessoas que você vê com regularidade.

Discriminação

Na Índia e no mundo islâmico, a saudação a um estranho depende muito do gênero sexual. Na Turquia, se um homem se sentar junto com outro num banco do parque ou da praça, provavelmente dirá

"*Merhaba*" (ou "*Márhaba*", "Oi") ou até mesmo o mais tradicional e formal "*Selâm aleyküm*" ("Que a paz esteja contigo" ou "Que a paz esteja sobre você")*, cumprimentos a que é polido responder com "*Aleikum selam*" ("E contigo também"). Mas ele jamais cumprimentará uma mulher desconhecida sozinha.

Da mesma maneira, geralmente as mulheres só dirigem a palavra a outras mulheres, embora hoje em dia seja pouco provável que usem o formal "*selâm*" — elas preferem dizer "*Merhaba*", "*Iyi günler*" ("Bom dia" ou "Tenha um bom dia" — o dia todo), ou expressões mais modernas e na moda, como "*Kolay gelsin*" ("Que as coisas corram tranqüilas para você") ou "*Hayirli işler*" ("Divirta-se no trabalho").

"Aqui não tem perigo"

Quando o Iraque invadiu o Kuwait, em agosto de 1990, a saudação formal "Assalamu 'alaykum" e sua resposta passaram a ser o modo com que os residentes se asseguravam de que os estrangeiros não eram perigosos. A expressão adquiriu o significado "Aqui não tem perigo". Ouvir um "Wa alaykum assalam" num posto de controle da fronteira queria dizer que você certamente teria permissão para passar sem ser revistado.

Em pé de igualdade

Hoje em dia, no Ocidente, as pessoas raramente se levantam para saudar a entrada de um recém-chegado, mas em muitas partes do mundo, da China à Argentina, seria considerado grosseria não ficar de pé em sinal de cumprimento. Acenar sentado na cadeira, levantar-se só um pouco ou olhar para os sapatos simplesmente não é o bastante.

* Foi dessa expressão que se originou em português o substantivo "salamaleque", que é uma saudação cerimoniosa ou um cumprimento de cortesia. Outras transliterações possíveis para a resposta são "*A leikom es salâm*" e "*Wa'laikum As'salaam*". (N. T.)

Esmaga-ossos

Há o consenso de que um aperto de mãos firme é uma coisa boa no Ocidente, especialmente no mundo dos negócios. Porém, em lugares tão variados quanto Japão, Costa Rica e Indonésia, a norma é um aperto de mãos suave, o que em hipótese alguma indica falta de determinação, muito menos insegurança ou desinteresse. Isso não significa que os ocidentais precisam devolver com um aperto flácido o aperto flácido recebido, mas pode ser uma decisão sábia diminuir um pouco a força do esmagamento de ossos.

A freqüência dos apertos de mãos também varia. Nos Estados Unidos e no Reino Unido, um ou dois num grupo podem ser suficientes para introduzir e estabelecer a saudação. Na França ou na Espanha, o recém-chegado deverá cumprimentar todos os presentes na reunião. Esse tipo de comportamento não se limita somente ao mundo dos negócios. Observe as pessoas numa praia da França ou numa festa na Espanha, e você verá o mesmo costume em ação — a mesma coisa no Taiti, de influência francesa, e na Colômbia, país de língua espanhola.

Invasivo

Muitas culturas asiáticas não são, tradicionalmente, afeitas ao contato físico, e só importaram o aperto de mãos para se adequar aos costumes do Ocidente. No Oriente Médio e na Índia, por exemplo, apenas os muçulmanos e os hindus ocidentalizados trocam apertos de mãos com o sexo oposto. Ocidentais de ambos os sexos jamais devem tomar a iniciativa de apertar a mão de alguém do sexo oposto (uma boa regra geral é nunca fazer isso se seus novos conhecidos estiverem usando trajes tradicionais).

Do mesmo modo, os judeus ortodoxos podem ficar desconcertados se uma pessoa do sexo oposto lhes estender a mão. Para o homem, o problema consiste no fato de que a mulher possa estar em pleno *niddah* (menstruação), o que não é um fato que ele possa averiguar sem ser descortês; já a mulher, se estiver com a cabeça coberta, o que indica que ela é casada, não deve, em hipótese alguma, apertar a mão de um homem, muito menos abraçá-lo.

Aceitação

Os africanos estão sempre dispostos a trocar apertos de mãos elaborados, em sinal de amizade e solidariedade. Na África central e na África ocidental, os homens trocam um aperto de mãos normal, depois afastam as palmas, seguram o dedo médio do outro entre o polegar e o indicador e dão uma pequena estalada. Mais para o sul, o "aperto de mãos africano" é um cumprimento dividido em três etapas: começa com um aperto de mãos normal, seguido pelo gesto de levantar as mãos agarradas, que por fim voltam à posição normal (eles vão mostrar a você). Ao visitante branco (*muzungu*) que recebe essa saudação está sendo oferecido um grande sinal de aceitação (particularmente na África do Sul).

Após o aperto de mãos, os habitantes do norte da África dão um tapinha com a mão direita no lado esquerdo do peito, para mostrar que aceitaram de coração o cumprimento. No Chade, a sinceridade é indicada pelo gesto de usar a mão esquerda para agarrar o cotovelo direito, apoiando-o durante o aperto de mãos, atitude charmosa também encontrada na Coréia do Sul.

No Senegal, se você já estiver segurando alguma coisa, considera-se perfeitamente educado simplesmente estender o pulso ou o cotovelo; já na Guatemala e na Nicarágua, é mais provável que as mulheres se cumprimentem com um leve afago mútuo do que elas trocarem um aperto de mãos.

Primeiro a *Frau*

Na Alemanha, certifique-se de apertar primeiro a mão da *Frau* (senhora, mulher casada) e só depois a do marido. Num grupo mais numeroso — num restaurante, por exemplo —, o recém-chegado pode bater os nós dos dedos na mesa em sinal de cumprimento, em vez de apertar a mão de um por um.

Rebonjour

Quando os franceses se encontram pela segunda ou terceira vez num mesmo dia, eles se cumprimentam com a deliciosa expressão "*Rebonjour*". Mas, depois que trocam um primeiro aperto de mãos, o cumprimento vale para o resto do dia.

Olho no olho

No Ocidente, as crianças são ensinadas a olhar os adultos nos olhos quando trocam um aperto de mãos. O contato visual direto é tido como o acompanhamento perfeito para o cumprimento, indicando sinceridade e confiança. Em países mediterrâneos, árabes e latino-americanos, o olhar fixo pode ser tão incisivo a ponto de causar desconcerto. Mas não se ofenda se, em outras partes do mundo, o interlocutor que você acaba de conhecer não retribuir a gentileza. Tanto no Japão quanto no Vietnã, o contato visual é em geral evitado, assim como na China, onde encarar seu interlocutor demoradamente é um ato considerado desrespeitoso.

Nos cafundós da Austrália, os aborígines de raça pura tendem a jamais olhar direto nos olhos do outro até que tenha sido estabelecida uma firme relação de confiança. Nas regiões central e meridional da África, o costume é desviar os olhos ao falar com superiores ou pessoas mais velhas; já em Gana, na África ocidental, as crianças são ensinadas a *não* olhar os adultos nos olhos no primeiro encontro, pois isso indicaria desafio ou provocação.

Sorridente

Nos Estados Unidos e no Reino Unido, é um gesto polido sorrir quando conhecemos uma pessoa; por mais falsa ou assustadora que seja a careta de dentes arreganhados, a tentativa significa que você está pelo menos tentando se mostrar feliz com o encontro. Mas sorrisos de cumprimento não são um costume universal. Especialmente no mundo dos negócios, muitas culturas consideram que o ato de ser apresentado a alguém é coisa séria. Por isso, aqui vai uma sugestão: quando conhecer alguém, tome como exemplo o comportamento de seu novo conhecido: se ele sorrir, sorria também; senão, boca fechada.

Se os japoneses ou indonésios sorrirem ou derem gargalhadas, pode ser que não estejam necessariamente achando engraçado o que você acabou de dizer — é provável que não tenham entendido alguma coisa ou que estejam constrangidos e envergonhados.

Salaam

Os cumprimentos árabes completos podem ser bastante intricados. Depois da troca inicial de "*Assalamu alaikum*", acompanhada de um suave aperto de mãos, você pode então retirar a mão e tocar seu coração. Um anfitrião tradicionalista pode agora colocar a mão esquerda no seu ombro direito e beijá-lo nas duas faces. Não inicie esse gesto cordial, mas, se acontecer, você deve retribuir. Se depois disso seu anfitrião segurar sua mão, por mais que ele demore, não a puxe. Não se trata de uma cantada, nem de avanço sexual, gesto ou olhar convidativo (Deus me livre, vire essa boca para lá, numa parte do mundo em que a homossexualidade ainda é punida com a pena de morte!), mas um gesto franco e largo de amizade. Imediatamente depois, qualquer forma de gesto religioso é lisonjeira. Dizer "*Inshallah*" ("Se Deus quiser")* é respeitoso e sempre cai bem.

* A expressão árabe, cuja transliteração pode ser "in xá,lláh", "wa xá,lláh" ou "wo xá,lláh", originou em português a expressão "Oxalá" ("e queira Deus", "queira Deus", "prouvera a Deus", "tomara", "assim seja"). (N. T.)

Cuidado com o que você observa com admiração, seja um relógio, um alfinete de gravata ou um belo enfeite; um anfitrião mais tradicional pode se sentir obrigado a dar a você o objeto de sua contemplação, e vai se ofender caso você recuse. Depois disso — e é aí que está o problema —, ele espera que você lhe ofereça um presente de igual valor. Por isso, se sentir vontade de elogiar o belo Rolex com diamantes incrustados de seu novo amigo, é melhor fazer isso de maneira indireta e disfarçada.

A lei do galinheiro: o mais forte bica o mais fraco

Embora possa ser alvo da zombaria dos suecos e australianos adeptos do igualitarismo, em muitas culturas a *ordem* em que você cumprimenta as pessoas ainda é extremamente importante. Na Venezuela, por exemplo, você deve sempre se apresentar primeiro para a pessoa mais velha, ao passo que na Indonésia, país muito cuidadoso acerca da hierarquia social, é a pessoa mais importante que deve ser reverenciada em primeiro lugar. Na China, o visitante de posição social mais elevada entra num recinto à frente de seu grupo, e os japoneses são igualmente atentos quanto à ordem dos cumprimentos.

Em grande medida, sutilezas desse tipo foram abolidas no Ocidente, ainda que em situações formais e grandiosas — um encontro com a realeza, por exemplo —, os menos importantes é que, tecnicamente, devem ser apresentados aos mais prestigiosos. Portanto: "Sua Majestade, permita-me apresentar o sr. Smith" — e não, "Sr. Smith, esta é a Rainha".

Ojigi e *namaste*

O cumprimento japonês tradicional é, obviamente, a reverência (*ojigi*). Quando um japonês encontra um colega, inclina para frente a parte superior do corpo, dobrando a cintura, com os pés juntos e os olhos abaixados no mesmo nível — ou ainda mais baixos, se a pessoa a quem está se dirigindo for mais importante. Os homens mantêm os braços alinhados junto ao corpo; as mulheres pousam as mãos na parte da frente das coxas, tocando-as com os dedos.

Já vão longe os dias em que os visitantes estrangeiros (*gaijin*) deviam se curvar e também fazer uma reverência em resposta à saudação. No Japão de hoje o cumprimento será um aperto de mãos ocidental normal. Contente-se com isso. Qualquer tentativa de fazer alguma coisa a mais pode aumentar sua probabilidade de cometer erros. Se alguém cumprimentar você com uma reverência sem aperto de mãos (na troca de cartões de visita, por exemplo, ou numa área rural), um cortês aceno de cabeça indicando aquiescência será suficiente.

Os indianos também têm uma reverência tradicional, conhecida como *namaste*, em que as palmas das mãos se encontram junto ao coração e se diz "*Namaste*" (pronuncia-se *na-mas-tê*). Os estrangeiros podem retribuir da mesma forma, mas, se você se sentir bobo ou sem graça, não é uma exigência estrita. Para as mulheres ocidentais que precisam cumprimentar homens na Índia, um *namaste* respeitoso pode ser uma maneira útil de contornar o dilema de trocar ou não apertos de mãos.

Os tailandeses têm um gesto semelhante, que eles chamam de *wai* — quanto mais alto você levantar as mãos, mais respeito estará demonstrando. A etiqueta exata é complexa, por isso a melhor coisa que o estrangeiro deve fazer é evitar o *wai*.

Les bises

Sim, no exterior os homens se beijam — mas nunca no primeiro encontro. Até beijoqueiros contumazes como os russos são bastante formais com estranhos. Os abraços de urso e as beijocas molhadas só vêm depois, quando a amizade já está bem estabelecida.

Os ingleses são quase sempre um pouco desajeitados com a prática de beijos sociais — os homens ficam muito mais embaraçados que as mulheres, embora se virem, porque é uma coisa sofisticada e continental. Obviamente, os franceses, sofisticados e continentais, não têm esse tipo de problema: praticam rotineiramente *les bises*, beijinhos duplos no rosto, e considerariam bastante indiferente, apático ou desinteressado *não* beijar. O costume dos beijinhos predomina em Paris e na região central da França; mais para o norte, da Normandia até a fronteira com a Bélgica, *les bises* habitualmente consistem de quatro beijinhos nas faces; já no sudeste, aparentemente são três.

Os belgas e algumas mulheres brasileiras solteiras (de certas regiões do Brasil) dão três beijinhos; no restante da América Latina, um terceiro beijo supostamente é garantia de boa sorte para encontrar um marido ou esposa — o famoso "três para casar".

No Egito, as pessoas se beijam na testa; já no Benin, amigos do mesmo sexo podem cumprimentar-se com vários beijos, terminando com um toque suave nos lábios. Na Itália, ninguém se assusta se um homem fizer uma reverência para beijar a mão da mulher, ao passo que em círculos mais conservadores na Alemanha e na Áustria um homem mais velho e charmoso pode levar a mão de uma mulher aos lábios e murmurar, "*Küß die Hand*" ("Beijo sua mão"). Em contrapartida, no Vietnã ou na China, até mesmo um beijinho na testa ou no rosto são estritamente *verboten* (proibidos); em regiões rurais, se uma mulher for vista beijando um homem, ela pode ser levada ao suicídio, de tanta vergonha.

O sopro da vida

Os maoris da Nova Zelândia cumprimentam-se de maneira ritual com o *hongi*, apertando e roçando o nariz e a testa para compartilhar o mesmo hálito, que é conhecido como *hā*, ou "sopro da vida". Depois que o estrangeiro compartilha a respiração com um nativo, deixa de ser considerado *manuhiri* ("visitante") e torna-se um dos *tangata whenua* ("pessoa da terra"). Uma saudação semelhante ainda é usada em ilhas esparsas da Polinésia, onde o beijinho de nariz é conhecido como *honi*; quando você entrar numa cabana para oferecer o cumprimento, lembre-se sempre de manter a cabeça mais baixa que a de seu anfitrião, especialmente se ele for o chefe. Coloque seu nariz no joelho ou no queixo dele, e espere que ele erga seu rosto até o rosto dele. No lado mais remoto do Pacífico, no Havaí, o beijo de nariz também se chama *honi*, e há uma palavra bastante ofensiva para se referir ao estrangeiro, *haole*, que literalmente significa "sem o sopro da vida".

Mãe-terra

No folclore maori, a primeira mulher foi criada pelo Deus Tāne, filho de Ranginui (o Céu) e Paratūānuku (A Terra), que a moldou da terra vermelha. Depois ele a envolveu e lhe soprou nas narinas o fôlego vital, e ela veio à vida. Seu nome era Hineahuone ("mulher formada da Terra"), e mais tarde ela e Tāne tiveram uma filha chamada Hinetītama, a Donzela da Alvorada, que ficou incumbida de controlar a mudança da escuridão à luz.

Um presente dos deuses

Quem visita o Pacífico Sul pode ficar encantado com o costume de receber um mimo de boas-vindas, o *lei*, um colar de flores aromáticas colocado no pescoço do visitante assim que ele desembarca em sua ilha de preferência. Atualmente, nestes dias de viagem em massa, é mais provável que isso aconteça apenas com os turistas mais ricos, e não com qualquer mochileiro que passe por ali.

Na cultura hindu, igualmente, há a tradição de pendurar um colar de flores no pescoço do visitante logo depois de saudá-lo. Se isso acontecer com você na Índia, não é preciso continuar usando o adorno indefinidamente: assim que você se sentar, basta tirar a grinalda e colocá-la à sua direita, sobre a mesa. Se, num templo, um estranho oferecer a você um colar de flores como um *prasad* (presente dos deuses), saiba que ele espera que você (e não os deuses) pague pelo agrado.

2

Senta aqui, ó!

Gestos

O poder dos gestos é extraordinário: imagine a seguinte cena: você está na Inglaterra, caminhando por uma viela estreita, e aguarda enquanto um carro passa por você; você resolve cumprimentar os ocupantes do automóvel erguendo o indicador e o dedo médio, formando um v; todos abrirão um largo sorriso, felizes pelo fato de que você não só é gentil mas também um amante da paz; porém, se fizer o mesmo gesto de vitória ao contrário, com a palma virada para o corpo, eles vão descer do carro bufando de raiva, querendo estrangulá-lo. Sim, quando deixamos para trás as certezas e familiaridades de nossa terra natal, é crucial tomar muito cuidado. O gesto errado é o atalho mais rápido para mal-entendidos e hostilidades...

Polegar para cima

No Reino Unido e na Suécia, o alegre sinal de "polegar para cima" é uma expressão de satisfação, e quer dizer "viva!", "ótimo", "jóia", "certo", "muito bom", "excelente". Já na Sardenha, se você erguer o polegar num engarrafamento de trânsito, por exemplo, ouvirá palavrões e ofensas e será jurado de morte ou coisa pior, pois lá o dedão para cima significa, literalmente, "Senta aqui, ó!". No Irã, o gesto é conhecido como *bilakh* e é um inquestionável insulto, equivalente ao nosso uso do dedo médio. O polegar para cima é igualmente ofensivo na Austrália e na Nigéria.

O.k.

O sinal norte-americano de "o.k." (expressão de aprovação, "está bem", "está bom", "certo", "correto"), em que o indicador toca a ponta do polegar para formar um círculo (com os outros dedos vagamente dobrados), tem muitos significados ao redor do mundo. No sul da França, em Portugal, na Itália, na Grécia e em Zimbábue quer dizer "zero" ou "nada bom", ao passo que no Japão é símbolo de dinheiro. Mas a meiguice acaba por aí. No Irã, é o sinal do olho do Mal, enquanto em lugares tão diferentes como Turquia, Malta e Brasil o gesto sugere que você está comparando alguém à parte mais imunda da anatomia. Se você fizer "o.k.." para um guarda de trânsito em Istambul, o mínimo que pode esperar é uma multa pesada. De maneira interessante, o mesmo gesto foi adotado internacionalmente pelos mergulhadores de *scuba*: quando impossibilitados de falar em circunstâncias potencialmente perigosas, a muitos pés de profundidade, os mergulhadores fazem "o.k." para dizer "Estou bem". Como isso funciona nas águas ao largo da Ilha Grande, ninguém sabe.

Dois dedos

É preciso tomar cuidado com o uso do v da vitória na Grã-Bretanha; se você fizer o gesto ao contrário, com os dois dedos levantados e a palma virada para o corpo, de fato vai descobrir muito rapidamente os limites do famoso senso de humor britânico. Na Austrália e na Irlanda, o gesto tem o mesmo significado de "Vá se f***!". E com a simples adição de um nariz enfiado entre os dedos, é uma atitude igualmente rude na Arábia Saudita e no México.

Entretanto, o V com a palma da mão para fora é um gesto inofensivo no mundo todo. Pode significar um tranqüilo e riponga desejo de "paz e amor", um entusiasmado símbolo da vitória inspirado em Winston Churchill, ou simplesmente "dois", como na frase "Mais duas cervejas, por favor".

Intactos

*Reza a lenda que o sinal de V remonta à Guerra dos Cem Anos (1337-1453) entre França e Inglaterra. Quando capturados, os arqueiros tinham os dois dedos principais da mão direita decepados, medida que servia para evitar que voltassem a usar arco e flecha. Assim, o gesto surgiu como a maneira de um soldado indicar que ainda estava intacto e pronto para a ação. De acordo com uma corruptela dessa versão possivelmente apócrifa, os arqueiros ingleses, protagonistas de uma vitória arrebatadora na Batalha de Azincourt (outubro de 1415), marcharam pomposamente diante dos prisioneiros franceses derrotados, exibindo as mãos em V, numa atitude triunfal (o que explica a razão pela qual o gesto significa tanto vitória quanto "Vá se f***!"). É interessante notar que o Arquivo Churchill possui*

fotografias do líder inglês durante a Segunda Guerra Mundial usando o gesto nos dois sentidos. E a Srª Margaret Thatcher, ex-primeira-ministra da Inglaterra (1979 a 1990), tentando copiar seu herói, inverteu a palma da mão e fez o gesto errado, na eleição suplementar de Woolwich, em 1975.

Chifrinhos

Outro gesto que tem significados diferentes ao redor do mundo é o dos chifrinhos (dedos indicador e mínimo levantados, o polegar pressionado contra os outros dois dedos médios, dobrados), usado pelo presidente George W. Bush durante a cerimônia inaugural de seu segundo mandato, em 2005. No Texas, terra natal de Bush, os chifrinhos são o símbolo da vitória do time de futebol americano Texas Longhorns [Os Chifres Compridos do Texas]. Na maior parte do resto do mundo, o mesmíssimo gesto tem significados bem menos saudáveis. Na Noruega, é o símbolo do demônio, ao passo que na Itália é conhecido como *cornuto*, e sugere que um homem é marido de uma adúltera — ser chamado de corno é um insulto profundo, mesmo que não seja verdade. Não se sabe se o presidente dos Estados Unidos, líder famoso pela cultura e sensibilidade, tinha consciência dessas outras leituras quando fez os chifrinhos diante das câmeras de tevê do mundo todo.

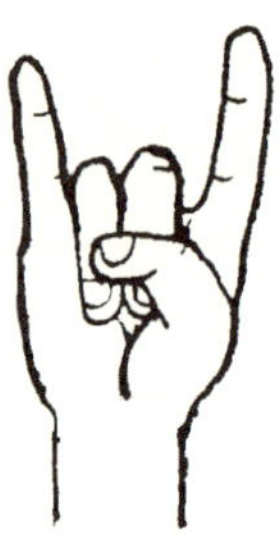

Eu te amo

Mas os chifrinhos não devem ser confundidos com o gesto de "Eu te amo", tão adorado pelas estrelas de rock, pelos pastores eletrônicos e pelos políticos. O dedo indicador e o dedo mínimo são levantados e os dois dedos médios ficam dobrados. A diferença é que o polegar e o dedo mínimo (ou "mindinho") se abrem num grande e folgado v.

O dedo

Não existe lugar no planeta em que levantar o dedo médio, dedo do meio ou pai-de-todos (talvez dando estocadas repetidas e agressivas na direção de seu interlocutor), seja um gesto cortês. Supostamente, o dedo médio erguido serve para simbolizar o pênis ereto e significa, universalmente, "Vá se f***!". O gesto do dedo remonta à era romana, quando era conhecido como *digitus impudicus* (literalmente, "dedo impudico", ou "dedo rude"). Os árabes geralmente fazem o gesto invertido, com os dedos bem espaçados e o médio um pouco erguido e apontando direto para baixo.

A banana

Um gesto considerado obsceno e de mau gosto, denominado "dar uma banana", consiste em apoiar (ou dar batidinhas) o braço ou a mão na dobra do outro braço, mantendo erguido e de punho fechado o antebraço que ficou livre. O gesto é tão fálico quanto o dedo e ofensivo em boa parte do mundo. Na França é conhecido como *bras d'honneur* ("o braço da honra")

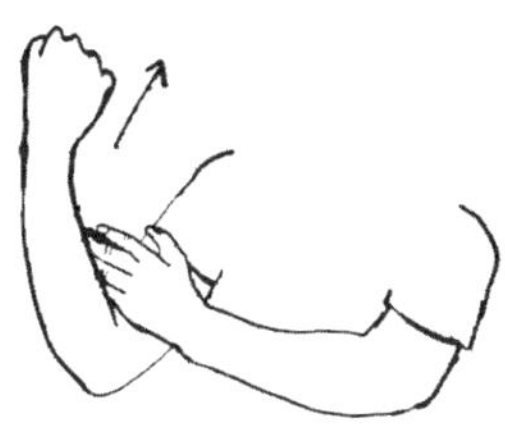

A figa

Existe uma variação da "banana" em que não há um braço apoiado no outro nem batidinhas no braço, mas na qual o polegar é enfiado entre o indicador e o dedo médio, com o punho fechado; o gesto é conhecido em alguns lugares como *figa*, e é bastante eficiente como ofensa na Coréia, na Rússia e em muitos países do Mediterrâneo — Turquia e Grécia, em particular. No Brasil e na Venezuela, entretanto, o mesmo gesto significa "boa sorte", e é possível inclusive comprar um belo pin-

gente de prata em forma de figa e pendurar no pescoço para afastar maus-olhados. Basta lembrar de tirar o talismã na próxima viagem a Seul ou Moscou.

Cruzando os dedos

Cruzar os dedos pode gerar muito mais possibilidade de confusão e mal-entendidos. Na Europa e em algumas partes dos Estados Unidos, dedos cruzados significam ou "boa sorte" ou "tomara que sim" ou "estou torcendo por você" (quando alguém cruza os dedos atrás das costas, o gesto indica que não está falando a verdade nem sendo sincero). Mas, na Rússia, mostrar os dedos cruzados é uma maneira de rejeitar ou negar asperamente alguma coisa; no Paraguai e no Uruguai, é um gesto tão ofensivo quanto a figa. Na Espanha e na Argentina, o sinal é feito para espantar a má sorte, ao passo que na China significa o número 10.

Moutza

Estender uma das mãos, com a palma para fora, na direção de uma pessoa, gesto tão irrepreensível na maior parte do mundo, já que tanto pode significar um aceno, um sinal de "Pare" ou até mesmo um "Obrigado", na Grécia pode colocar você em encrenca, já que no país o gesto de exibir a mão aberta — conhecido como *moutza* — é profundamente insultuoso. A afronta remonta aos dias em que criminosos acorrentados eram obrigados a desfilar pela cidade e os populares esfregavam em seu rosto cinzas, escórias de carvão (*moutzos*) e excrementos, como forma de humilhação pública. Quanto mais próxima do rosto de uma pessoa você colocar a mão, mais ameaçador seu gesto será considerado. Duas palmas são ainda mais ofensivas, e, se você mostrar também uma ou as duas solas dos pés, aí já terá passado dos limites.

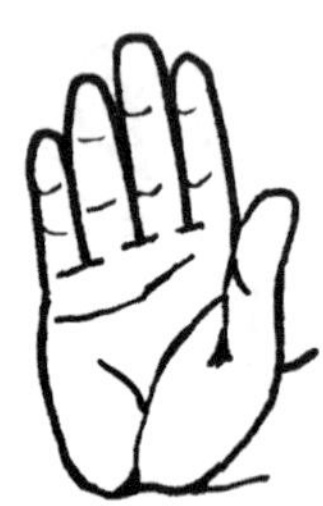

O *camembert*

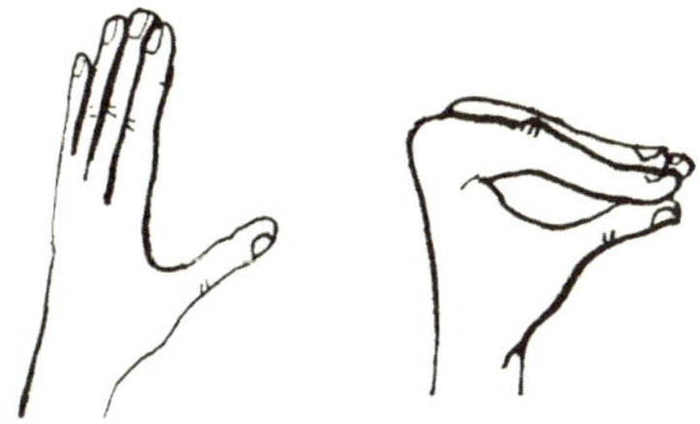

Os franceses têm uma variada gama de gestos próprios, desde a encolhida de ombros em sinal de indiferença gaulesa ao *moue* (beicinho) de enfado gálico, e por aí vai. O *camembert* é um gesto bastante útil: coloque a mão na sua frente, em forma de L, depois vá lentamente juntando o polegar e o dedo médio (ou todos os outros dedos juntos), como se estivesse pegando um pedaço de queijo macio e cremoso; acompanhada de uma estudada expressão de enorme indiferença e amuo, essa é uma maneira indelicada de mandar um francês calar a maldita boca.

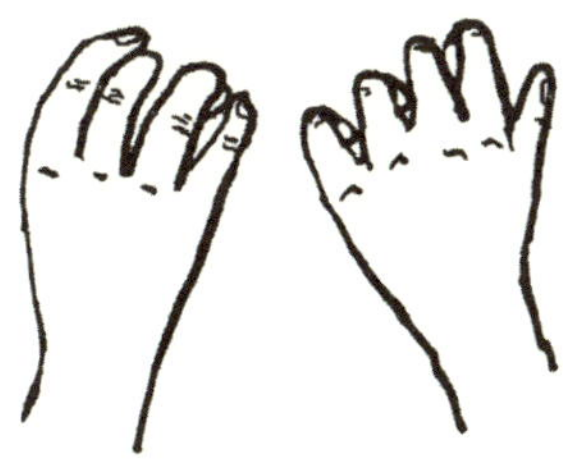

Outro gesto ótimo é o *les boules*: segure um par de bolas imaginárias na frente do peito e faça uma careta de frustração e — sim, isso mesmo — de indiferença, sempre ela. Isso significa, com a maior demonstração possível de ar de superioridade, "Já chega. Estou de saco cheio".

A grama está crescendo

Em Israel, juntar os dedos e chacoalhar a mão para cima e para baixo com a palma virada para cima significa "seja paciente", "tenha calma". Em contraste, apontar com o indicador para a palma da mão virada para cima tem o seguinte significado: "É mais fácil crescer grama na minha mão do que isto que você está dizendo ser verdade", isto é, "Vá se f***!".

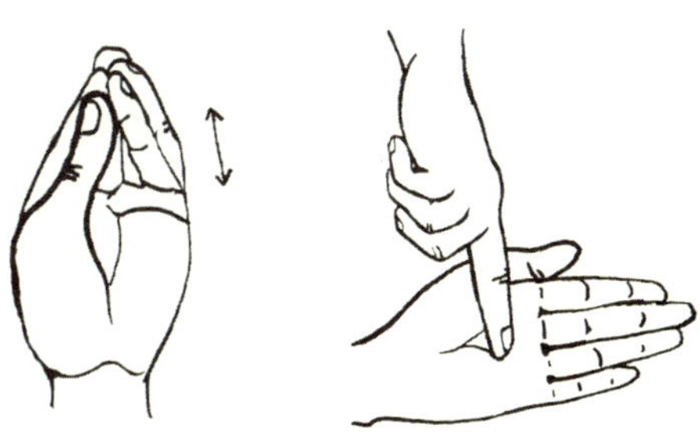

Na palma da mão

Nos Estados Unidos e em grande parte do mundo, jogar a mão para baixo, com a palma virada na direção do chão, significa "deixa pra lá" ou "não faz mal, não tem importância"; contudo, na América Latina esse sinal de repúdio e recusa é muito parecido com o gesto de "desmunhecar" (movimentar as mãos de modo muito delicado ou afetado, com a palma para cima ou para baixo), que sugere que fulano é gay. No lugar de nascimento do machismo heterossexual, esse meneio é tiro e queda para começar uma briga.

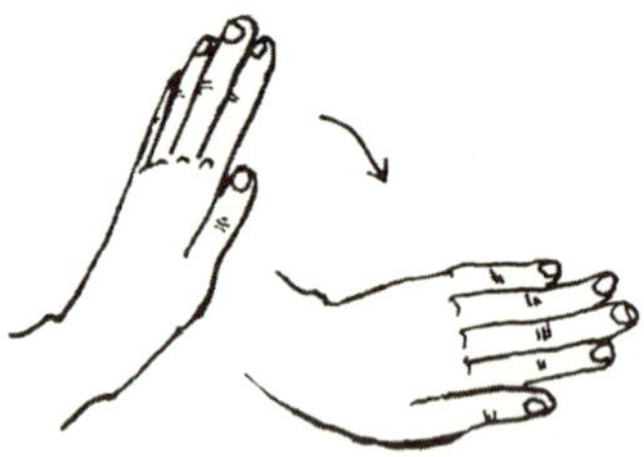

Pisando com o pé direito

Tenha em mente que, assim como os gestos deliberados, até mesmo movimentos casuais podem causar problemas. Na Finlândia, cruzar os braços no peito é considerado rude e um gesto arrogante de afastamento e insociabilidade, e o mesmo vale para muitas partes dos Estados Unidos. Em países tão distantes como Quênia, Nicarágua e Malásia, colocar as mãos nos quadris é visto como sinal de agressividade. No Oriente Médio, cruzar as pernas é atitude refinada, mas é um insulto sentar-se apontando a sola dos pés para alguém. Nas culturas árabes, os pés, sempre em contato com o chão imundo, são considerados impuros.

O tabu com relação aos pés se estende aos países budistas, onde o pé é tido como a parte mais impura do corpo. Na Tailândia, por exemplo, pisar numa cédula de dinheiro é particularmente desrespeitoso, porque significa pisotear na imagem do venerado rei estampada na nota.

Na ponta dos pés

Depois que os norte-americanos e britânicos invadiram o Iraque, em 2003, e o regime de Saddam Hussein caiu de vez, em 2004, os iraquianos extravasaram sua raiva contra o ditador batendo em sua efígie com a sola dos sapatos, a coisa mais mal-educada que poderiam fazer. Apenas um ano e meio depois, em dezembro de 2005, o primeiro-ministro Iyad Allawi, visto em larga medida como fantoche dos Estados Unidos, foi acossado no templo de Imam Ali, em Najaf, por uma ovação de sapatos e sandálias.

Mau-olhado

Em países budistas, nunca se deve afagar a cabeça de alguém, por mais amigável que o gesto pretenda ser. A cabeça é considerada sagrada, a base e assento da alma, e tocá-la na parte mais alta é um insulto, mesmo no caso de uma criança.

No México, o inverso é verdadeiro. Há a crença geral de que quando alguém vê uma criança bonita, *precisa* tocá-la, em geral na cabeça ou no rosto, caso contrário algo ruim acontecerá a ambos. Ao tocar a criança, o costume é dizer "*No le vaya a hacer ojo*" ("Não quero causar-lhe nenhuma maldição"). As mães mexicanas que saem para passear com os filhos no carrinho são sempre paradas na rua em situações como essa.

Mas os visitantes estrangeiros devem tomar cuidado com essa prática. Se um completo desconhecido, particularmente de olhos azuis, verdes, cor de avelã ou outra cor clara, tocar ou olhar uma criança do jeito errado, ficará com pecha de espalhar os efeitos malévolos do *el mal de ojo* — o "mau-olhado", também conhecido como "quebranto".

Direto ao ponto

No Reino Unido, as crianças são ensinadas que é feio apontar, mas o dedo indicador é usado com freqüência pelos adultos para indicar as coisas. Tome cuidado ao apontar no Oriente Médio, no Extremo

Oriente e em muitas partes da África, onde mostrar com o dedo o que quer que seja não é visto com bons olhos. Em vez disso, prefira usar a mão inteira aberta.

Os malaios apontam com o punho fechado, o polegar por cima, indicando a direção. Os filipinos são ainda mais discretos, e destacam um objeto deslocando o olhar em sua direção ou estirando o beiço e apontando com a boca. Da mesma forma, os venezuelanos também podem usar os lábios para apontar. Em Guiné-Bissau, na África ocidental, os guineanos vão ainda mais longe, gesticulando com o queixo ou a língua; é um dos lugares do mundo em que é mais educado mostrar a língua do que levantar o dedo.

Vem cá

Tenha cautela, também, com o gesto de chamar alguém usando um só dedo arqueado em forma de gancho. Tanto na Iugoslávia quanto na Malásia, é um gesto reservado apenas para animais, ao passo que na Indonésia e no Japão é simplesmente grosseiro. Por toda a Europa continental, no Oriente Médio e em grande parte da América Latina, o gesto padrão para "Venha aqui" é estender o braço, a palma da mão para cima ou para baixo, e, com os dedos, fazer um movimento de coçar. No Japão, parece mais uma sacudidela; na verdade, pode ser bem semelhante à maneira inglesa de dizer "Vá embora".

Neh e *okhee*

As pessoas originárias de lugares em que "sim" e "não" são indicados, respectivamente, pelo gesto de acenar verticalmente ou balançar na horizontal a cabeça podem tranqüilamente assumir que isso vale também para o resto do mundo. E podem estar erradas.

Os albaneses e os búlgaros acenam a cabeça para dizer "não" e balançam a cabeça para dizer "sim". No Sri Lanka, de maneira semelhante, o movimento de sacudir a cabeça da esquerda para a direita é um gesto afirmativo ou de encorajamento (que, depois de certo tempo, se torna fascinante e contagioso), ao passo que o assentimento de cabeça para cima e para baixo é um gesto de negação.

Na Turquia, as pessoas jogam a cabeça para trás e levantam as sobrancelhas para dizer "não". Um movimento ascendente semelhante da cabeça também quer dizer "não" na Grécia e nos países árabes (onde às vezes é acompanhado por um estalar de língua). Na Grécia, o simples gesto de levantar as sobrancelhas pode ser suficiente para indicar a negativa, e as palavras também não ajudam muito: em grego, *neh* é "sim", e *okhee* quer dizer "não".

Piropo

Na Espanha ou na América Latina, não se considera insulto quando um homem pisca ou assovia para uma mulher. Esse tipo de abordagem descarada, que serve como aprovação insolente da mulher por parte do homem, é chamado de "piropo" (sinônimo de "galanteio", "cantada", "xaveco"), que pode vir acompanhado de um elogio verbal, em que são comuns frases do tipo "*Hola, guapa!*" ("Oi, gata!"), "*Qué piernas!*" ("Que pernas!") ou "*Diosa!*" ("Deusa!"). Se a mulher ignorar o elogio, a coisa pára por aí; contudo, um gracioso sorriso aceitando o cumprimento vai bem, sem implicar nenhum desejo da parte dela de que o gracejo tenha seqüência.

Na Austrália, tudo bem se um homem piscar amigavelmente para outro, mas, se piscar para uma mulher, mesmo que seja apenas para indicar que acabou de fazer uma piada, pode se meter em encrenca séria, especialmente nas áreas mais interioranas, onde os australianos mais rústicos (conhecidos pelo apelido carinhoso/ofensivo de "*aussie*") não gostam de ninguém mexendo com a patroa. Na Arábia Saudita, piscar para as pessoas é considerado vulgar, e em Hong Kong é um gesto completamente grosseiro.

Comendo as sobras

Embora sejam uma arte quase extinta nos dias de hoje, os piropos mais longos e mais sofisticados mostram toda a imaginação dos homens, galanteadores incorrigíveis: "Si la belleza fuera delito, yo te hubiera dado cadena perpetua" ("Se a beleza fosse crime, eu te condenaria à prisão perpétua"); "Com lo que se te ve y lo que se te imagina, yo ya tengo bastante" ("Com o que você mostra e com o que eu imagino, para mim já está bom"); "Si tu cocinas como caminas, quiero comer los rasgos" ("Se você cozinha como caminha, quero comer as sobras"). Os mais experientes podem até se dar ao luxo de recorrer ao piropo indireto, dirigido à mãe da bela moçoila quando as duas andam juntas pela rua: "Me gustaría que Ud fuera mi suegra" ("Você é a sogra que eu pedi a Deus").

Invasores de espaço

Os norte-americanos e europeus do norte gostam de ter o próprio espaço pessoal. Na América Latina, no norte da África, no Oriente Médio e na China, em contrapartida, as pessoas ficam tão próximas que é possível sentir o hálito delas. E de nada adianta se afastar aos poucos, pois elas provavelmente vão tentar diminuir a distância. A coisa mais educada a fazer é se acomodar e aceitar a alarmante proximidade. Caso contrário, o resultado será uma cena patética: você se esgueirando pela sala e as pessoas atrás, numa lenta e embaraçosa perseguição.

Muitas dessas culturas de "invasores de espaço" gravitam em torno de outras pessoas como uma coisa natural e lógica. No Egito, se você estiver sentado sozinho no cinema ou no ônibus, um recém-chegado pode muito bem pular as poltronas intervenientes e se sentar bem ao seu lado. Não interprete mal esse instinto gregário nem tire conclusões errôneas; não significa necessariamente que ele queira conversar com você.

O doído flerte mongol

Na Mongólia, se você pisar no pé de alguém, o pisoteado espera que você o cumprimente com um aperto de mãos e ofereça o próprio pé a uma pisadela de retribuição. Num ônibus lotado da capital, Ulan Bator (ou Ulaanbaatar), pode ser uma experiência bastante esquisita dar de cara com uma velhinha implorando por um pisão de bota.

3

Sr. homem

Nomes

Longe vai o tempo em que o nome de uma pessoa revelava todo tipo de informação importante sobre ela: de onde era, se era casada ou solteira, a que geração pertencia, quem eram seus pais. Hoje em dia, num mundo de deslocamentos populacionais em massa, migrações continentais e uniões interculturais, não há mais certeza sobre nada, e não dá para pressupor coisa alguma com segurança. Você pode acabar descobrindo que Samantha Chaudhuri é, na verdade, uma moça durona dos arredores de Londres casada com um indiano britânico, ou uma bengali aventureira que adotou o nome europeu que usou quando trabalhava num *call center* em Bombaim (Mumbai). Da mesma maneira, Wesley Chan pode soar como um afro-asiático modernoso e cheio de estilo, mas na verdade ser um inescrutável dublinense com carregado sotaque irlandês.

Muito bom conhecê-lo, sr. John

No Extremo Oriente, a ordem correta dos nomes pode causar confusão e ser difícil de entender. Chamar o sr. Li Wong Chee de Cingapura de "sr. Chee" é como chamar de "sr. John" o sr. John William Smith de Londres. Em geral, a ordem é invertida: primeiro o sobrenome (Li), depois um nome que indica a geração particular a que a pessoa pertence (Wong), em seguida o prenome (Chee). Se você tiver sorte o bastante para ser convidado a ir até a casa e conhecer a esposa do sr. Li, tenha em mente que as mulheres chinesas não incorporam o sobrenome do marido; por isso, se o nome da anfitriã for Ho Chu Chin, ela será conhecida como madame Ho.

As coisas nunca são simples. Em Taiwan, graças à influência das escolas de missionários, muitas pessoas têm um prenome cristão que precede seus nomes locais, que depois seguem na ordem oriental tradicional. Assim, o sr. Johnnie Li Wong deve ser chamado sr. Li (Johnnie Li para os íntimos). A situação se complicou ainda mais em decorrência do contato cada vez maior com o Ocidente. Por isso, para não confundir os estrangeiros, muitos orientais hoje em dia mudam a ordem do seu nome. Desse modo, o sr. Li Wong Chee pode ser, afinal de contas, na verdade o sr. Chee Wong Li, e deve ser tratado corretamente como sr. Chee.

Ficou confuso? Em caso de dúvida, é sempre melhor perguntar.

Sra. Kim

Em sua visita de Estado à Coréia do Sul, em 1993, o presidente dos Estados Unidos, Bill Clinton, dirigiu-se repetidas vezes a seus anfitriões, o presidente Kim Young Sam e esposa, como Presidente e sra. Kim. Entretanto, as esposas coreanas não seguem a tradição japonesa de mudar de nome ao se casar, mas mantêm o nome de solteira. Portanto, o correto seria chamar a esposa do presidente Kim, Sohn Myong Suk, de sra. Sohn. Uma vez que Clinton chegara vindo direto do Japão, seu deslize e sua incapacidade de entender adequadamente a questão sugeriam numa terra em que manter as aparências e a dignidade é tudo

— que a Coréia não era tão importante quanto o Japão. Uma gafe imperdoável.

Leões e princesas

Os hindus do norte da Índia geralmente usam um ou dois prenomes, seguidos pelo sobrenome da família, que quase sempre indica a casta, descrevendo uma ocupação tradicional (Gandhi, por exemplo, significa "merceeiro" ou "farmacêutico", e Patel quer dizer "rendeiro"). Recentemente, uma onda de protestos contra esses nomes associados a castas fez com que muitas pessoas não mais os adotassem.

No sul, o costume era a inexistência total de sobrenome. Um homem hindu usava a letra inicial do primeiro nome do pai, seguida de seu próprio prenome. Ambos eram geralmente precedidos por uma inicial que indica sua cidade natal. Assim, K. V. Sanjeev seria Sanjeev, filho de Vidvan, originário de Kokradi. Para muitas pessoas essa prática ainda está em vigor, embora a primeira inicial quase sempre seja abolida; algumas pessoas mais modernas abrem mão das duas iniciais, e usam o prenome seguido do nome do pai. As mulheres fazem o mesmo, mas, depois do casamento, descartam a inicial ou o nome do pai e acrescentam o nome do marido após seu prenome.

Portanto, quando J. Ranjana (Ranjana, filha de Jaidev) se casa com K. V. Sanjeev, passa a ser a sra. Ranjana Sanjeev.

Entre os membros da comunidade sique, o prenome é seguido de *Singh* (para homens; significa "leão") ou *Kaur* (para mulheres; significa "princesa"), após os quais pode vir um nome que designa o clã. Você deve chamar um sique por seu título e primeiro nome: Sardar, cuja abreviação é s, é o equivalente de "sr."; portanto, Jasbir Singh seria conhecido como sr. Jasbir ou s. Jasbir. Chamá-lo de sr. Singh seria absurdo, como chamar alguém de "sr. homem".

Da casa dos...

Ainda que alguns muçulmanos indianos e paquistaneses conservem o nome dos clãs hindus, tais como Patel e Chaudhuri, geralmente os nomes muçulmanos derivam do árabe. No mundo árabe, um muçulmano é conhecido por seu prenome mais *bin*, que significa literalmente "de", "proveniente de", mas usualmente quer dizer "filho de". Depois disso pode vir o nome do avô e, em alguns países, o nome de família. Assim, o dr. Osman bin Sultan Ahmad al-Harithi é Osman, filho de Sultan, neto de Ahmad, descendente da casa dos Harithi (você deve chamá-lo de dr. Osman). Já para o nome de sua adorável irmã Zeinab, os ancestrais do sexo feminino não têm nenhuma importância. Ela é Zeinab *bint* Sultan Ahmad al-Harithi (ou *binti*, em alguns lugares; as duas formas significam "filha de"). Quando ela se casar, não mudará o nome; apenas informalmente uma esposa é chamada de "sra.", mais o prenome ou sobrenome do marido.

Na maior parte dos países do golfo da Arábia, o *bin* ou *bint* é abandonado ou substituído por uma forma alternativa, *ibn*, de modo que nos vemos diante de uma mera fileira de ancestrais do sexo masculino, que podem ir além do avô: Osman Sultan Ahmad Abdallah al-Harithi. Por todo o mundo árabe, o título *Hajji* (que em português tem as variantes Hadji, Haji, Háji e Haje) é honorífico e confere respeito àqueles que fizeram a *Hajj*, ou peregrinação anual a Meca.

Umm

Uma vez que no Oriente Médio as pessoas são rotineiramente chamadas pelo primeiro nome, você talvez não consiga saber quem é quem quando chegar a hora de passar dos sobrenomes para os prenomes. Se a pessoa tiver filhos, uma boa maneira de contornar o problema é começar a chamá-la usando o nome do filho mais velho e *Abu* ("pai de") ou *Umm* ("mãe de"). Assim, Osman agora passa a ser Abu Abdullah, e sua esposa, imaginariamente Umm Abdullah — embora na prática tal intimidade seja improvável.

Guerra e paz

No que diz respeito aos nomes na Rússia, não mudou muita coisa desde a época de Tolstoi. Os russos usam um prenome — Vasily ou Yekaterina, digamos —, seguido do patrônimo, que é o nome do pai — Alexei, por exemplo —, modificado por uma terminação cujo significado é "filho de" — Alexeyevich — ou "filha de" — Alexeyevna. Só depois vem o sobrenome — Borodkin, digamos, o que nos dá Vasily Alexeyevich Borodkin. Além disso, a mulher acrescenta ao nome uma terminação feminina; assim, temos Yekaterina Alexeyevna Borodkina. Deixar de fora o indicador de gênero sexual não é boa idéia: é o equivalente a chamar uma mulher de "sr.".

Entre si, os russos abreviam esses nomes complicados — e tão difíceis de pronunciar que mais parecem trava-línguas — com numerosos diminutivos e apelidos. Não comece a fazer isso a não ser que peçam; aí então provavelmente você poderá usar o primeiro nome e o patrônimo, o que indica tanto amizade como respeito. A essa altura você já pode convidar seus conhecidos russos a chamá-lo pelo primeiro nome também.

Se você quiser pular o prenome e o patronímico, pode usar os títulos *gaspodín* ("sr.") ou *gazpazháh* ("sra."), que são em larga medida reservados para o uso de estrangeiros. O termo *tovarish* ("camarada"), popular nos dias da União Soviética e da Cortina de Ferro, hoje em dia está totalmente fora de moda, e só seria usado ironicamente — digamos, por exemplo, na reunião de algum comitê: "Vamos ouvir o que o *tovarisch* Borodkin tem a dizer".

Cem anos de total confusão

Quem leu os romances de Gabriel García Márquez ou já passou algum tempo na América Latina sabe que nesses países a norma é que as pessoas tenham dois prenomes — Ana María ou José Antonio, digamos. Na linguagem escrita ou em situações formais, primeiro vem o sobrenome da mãe, e a seguir o do pai, o que nos dá Ana María ou José Antonio Vásquez Rodríguez, por exemplo. Para os propósitos do dia-a-dia, Ana e José devem ser chamados pelo título de tratamento respeitoso, seguido do sobrenome do pai: *señor* (senhor) ou *señorita* (senhorita) Vázquez. Se e quando Ana María se casar, ela pode acrescentar à lista o sobrenome do marido — geralmente precedido por um "de" — e abolir seu sobrenome materno, tornando-se agora Ana María Vásquez Rodríguez de Martínez, a quem se deve dirigir como *señora* (senhora) de Martínez, ou, menos formalmente, *señora* Martínez. Se ela não se casar, continua sendo *señorita* até bater as botas. Chamá-la de *señora* seria lançar dúvidas sobre sua virgindade; José, entretanto, não adiciona o sobrenome da esposa quando se torna um homem comprometido.

Os solícitos sul-americanos às vezes simplificam a vida dos forasteiros, sublinhando em seus cartões de visita os nomes que devem ser usados. E lembre-se de uma coisa: só para tornar a coisa ainda mais engraçada, no Brasil, país de língua portuguesa, é o sobrenome do pai, e não o da mãe, que vem por último.

San

Nunca se dirija a um japonês chamando-o pelo primeiro nome, que só é usado pela família e pelos amigos mais próximos. Use o sobrenome dele (ou dela) e acrescente a palavra *san* ("sr."/"sra.").

Herr doktor professor

Qualquer que seja o nome, os títulos devem sempre ser tratados com cuidado. Em culturas informais, como Estados Unidos, Israel, Suécia e Austrália, referir-se a alguém como doutor ou professor pode não importar muito, e na verdade até soar de forma pretensiosa e convencida. Mas essa atitude casual não se manifesta da mesma maneira em lugares que, na superfície, podem até parecer igualmente ou mais tranqüilos e descontraídos. Os títulos são de fato importantes na Alemanha, na França e no Japão, mas os profissionais da Itália, Espanha e América Latina gostam muito de ser chamados de *dottore* ("doutor"), *abogado* ("advogado") ou *ingeniero* ("engenheiro"), assim como os alemães são "*herr doktor*" e "*frau professor*". Por isso, prefira senhor, xeique, princesa e assim por diante, até que peçam para você parar de usá-los.

Você e você

Tome cuidado com línguas que possuem formas de tratamento informais e cerimoniosas ou polidas do pronome "você". Em alguns lugares as distinções já não importam mais. Nos Países Baixos, por exemplo, é igualmente simpático usar *jij* ou *jullie*; o tratamento formal — *u* — é reservado para correspondências de negócios e crianças. Poucos franceses vão ligar se um estrangeiro, num lapso de ignorância, se dirigir a eles como *tutoyer*; contudo, se você alegar que é fluente na língua francesa, esperam que você acerte (entre eles o tratamento informal e íntimo é reservado para a família, amigos, animais de estimação e insultos). Na Espanha, apenas os mais velhos usam *usted* em vez de *tú*.

Porém, na Alemanha, não se deve confundir o pronome formal *sie* e as formas *du*. Não faz muito tempo, os jornais estamparam a história de uma mulher que foi presa por se dirigir a um policial usando *du*. Certamente um caso como esse não é a regra, mas verdade seja dita: pode levar bastante tempo até que você tenha autorização para chamar um alemão pelo primeiro nome; se você tentar acelerar o processo, pode parecer excessivamente íntimo, para não dizer mal-educado.

Brinde de irmão para irmão

Tradicionalmente, a mudança do tratamento e do registro lingüístico formal para o informal na Alemanha era marcada por uma cerimônia especial — o Brüderschaftrinken ("Brinde de irmão para irmão" ou "Brinde à fraternidade"). Dois homens faziam um brinde com uma caneca de cerveja, davam-se os braços e convidavam-se formalmente para tratar um ao outro com a familiaridade e a intimidade de irmãos, costume que em alguns lugares persiste ainda hoje.

Sapatão e Cachorrão

Assim como os norte-americanos, os tailandeses usam os prenomes logo de cara. Mesmo no primeiro encontro, você já pode ser chamado de sr. Mark ou srta. Susan. Os filipinos, ao contrário, adoram usar apelidos — Gracinha, Bichinha, Gostosinha, Brotinho, Tetéia, Sapatão, Perseguida, Cachorrão —, o que soa muito esquisito para estrangeiros. Mas, quando um filipino convidar você a chamá-lo pelo apelido, você deve obedecer, e aí o convide também a chamar você pelo seu, mesmo que precise inventar um na hora. Os filipinos da polícia e do Exército adoram fazer uma brincadeira que consiste em zombar dos outros e provocá-los aumentando sua patente. Assim, um guarda pode ser jocosamente chamado de "capitão", e um capitão do Exército pode ser chamado de "major". O estrangeiro deve ficar de fora dessas tolices.

Tio Velho

Os apelidos também são bastante populares na África. Na Nigéria, as pessoas preferem se dirigir umas às outras por apelidos a usar os nomes verdadeiros, que nunca são empregados. Os nigerianos se referem uns aos outros pelo parentesco, relacionamento ou profissão (por exemplo, Tio Velho, Vendedor de Verduras etc.). Para as mulheres, também é tabu usar o nome do marido, e é tabu geral usar o nome de algum amigo ou parente já falecido.

As culturas indígenas às vezes têm os tabus mais estranhos nessa área. Entre o povo sanema (subgrupo ianomâmi também conhecido como sanuma ou sanima), que vive nas profundezas da selva amazônica venezuelana, por exemplo, é proibido dirigir-se a alguém usando seu primeiro nome. A maneira que eles adotam para contornar o problema é usar o nome espanhol alternativo.

Primos brincalhões

No Mali, as pessoas que compartilham o mesmo sobrenome (que em geral faz referência à ocupação da família — contador de histórias, lavrador etc.) são chamadas de *sanangouya,* ou "primos brincalhões", mesmo que não se conheçam ou sequer tenham se visto uma única vez na vida. É uma tradição bastante antiga, segundo a qual esse relacionamento especial significa, quando se encontram, que um primo tem plena liberdade para provocar o outro e abusar dele quanto quiser, dizendo, por exemplo, que A cheira mal, que B é feio, e assim por diante. Às vezes os *sanangouya* não precisam sequer ter o mesmo sobrenome para entrar na brincadeira: um Koyate, por exemplo, pode tirar sarro de alguém de sobrenome Keita.

O lado bom é que os *sanangouya* também podem obter benefícios tangíveis de seus parentes: um policial provavelmente será mais leniente com seu primo brincalhão, por exemplo, e um primo pode convidar o outro, sem-teto, para morar em sua casa.

Lao e *xiaou*

Quando você conhecer um pouco melhor uma pessoa na China, uma maneira simpática e informal de tratamento mútuo é usar o sobrenome junto com *lao* ("velho") ou *xiou* ("jovem") na frente. O costume é que as pessoas comecem a ser chamadas de *lao* na casa dos trinta e poucos anos, por isso não leve a mal se você for chamado de *lao* Jones em vez do perfeitamente adequado *xiou* Jones. Mas, se serve como consolo: na China, os velhos e superiores são muito respeitados.

4

Fim de papo

O que não dizer

Em geral, quando você estiver em viagem, a melhor coisa a fazer é evitar falar de política, exceto num espírito receptivo e imparcial, na tentativa sem preconceitos de conhecer o terreno e puxar assunto. Dizer às pessoas que elas vivem num lugar bonito e interessante sempre cai bem. Esportes são outro assunto seguro, mas tome cuidado quando falar com um novo conhecido estrangeiro que entende muito mais de futebol ou do campeonato de rúgbi, pois, se você não conseguir manter uma conversa à altura, ele pode acabar achando que você é um bunda-mole. Em todas as culturas, quase nunca falha falar de família e de comida: frases como "Nossa, que filhos lindos você tem!" ou "Este bolo de rato está uma delícia!" são receita infalível para amolecer corações.

Perto demais é desconfortável

Seja cauteloso, em particular, ao falar sobre países adjacentes. Nada enfurece mais certo tipo de irlandês do que ser descrito como britânico, nada irrita mais um nacionalista escocês do que ser chamado de inglês. Não importa o que digam, os neozelandeses não suportam ser confundidos com australianos, e os canadenses detestam ser tomados por norte-americanos (especialmente se estiverem usando algum emblema da folha de bordo vermelha). Os indianos não ficarão felizes se forem confundidos com paquistaneses, bangladeshianos ou cingaleses; já os bolivianos não se animam a elogiar nenhum de seus vizinhos — a Bolívia já foi derrotada em guerras contra todos eles.

"Sabe qual é a melhor maneira de ficar rico?", perguntam os uruguaios (e brasileiros). "Compre um argentino pelo preço que ele vale, e venda-o pelo preço que ele acha que vale."

Feito na República da China

Na China, evite falar sobre eventos atuais; na verdade, mantenha distância de qualquer assunto polêmico. No campo da política, entre os tópicos considerados indesejáveis ou inaceitáveis estão, é claro, o Tibete, bem como qualquer referência a Taiwan como a República da China, ou, ainda pior, a "China Livre". Nos países árabes, tome cuidado ao falar golfo Pérsico, pois muitos preferem golfo da Arábia ou simplesmente o Golfo (*al-Khalīj* ou *al-Arabī*).

PECE

Falar sobre sexo é tabu nos países muçulmanos, e piadas sujas são completamente proibidas. Toda e qualquer menção ao profeta Maomé, seja na fala ou na escrita, deve ser imediatamente seguida das palavras "A paz esteja com ele" (ou "Que a paz de Deus esteja com ele" ou "Que a paz e a bênção de Alá estejam sobre ele"), fórmula que em geral é abreviada nos textos escritos com uma sigla — em português, PECE; em inglês, usa-se PBUH ("*Peace be upon him*").

Falar demais por não ter nada a dizer*

É um erro fazer críticas ao país que você está visitando, mesmo que seja só de brincadeira. Os escandinavos, por exemplo, ficam muito aborrecidos quando forasteiros fazem menção ao seu alto custo de vida. Eles já sabem.

Mais ciladas — assuntos e temas que são verdadeiras armadilhas na hora da conversa

Austrália: falar disparates ou coisas depreciativas sobre os povos aborígines

China: direitos humanos; Tibete; Taiwan; sexo; religião; burocracia

Extremo Oriente: confundir japoneses, chineses ou coreanos, em qualquer combinação

Grécia, Chipre: pedir café turco

Índia: pobreza; sexo; relação entre dotes e mortes (ver o item "Assassinatos na cozinha", no capítulo 12)

Irlanda: fazer referência à Grã-Bretanha como "o Continente"; fazer menção ao fato de que "as Ilhas Britânicas" incluem a Irlanda; perguntar por que motivo eles usam euros em vez de libras esterlinas

América Latina: falar "americanos" para se referir apenas aos estadunidenses

México: nepotismo

Países Baixos: chamar o país de Holanda (é incorreto e ofensivo para as pessoas que não são das províncias holandesas)

Nova Zelândia: usar o termo "Continente" para se referir ou às ilhas do sul ou do norte; pronunciar errado o nome dos lugares maori

Irlanda do Norte: perguntar às pessoas se são católicas ou protestantes

---

* No original, o autor usa um trocadilho intraduzível: Smörgasbored, em que mistura o substantivo (de raiz norueguesa e sueca) *smörgasbord* ("bufê", "variedade de pratos", "coleção variada") e o adjetivo *bored* ("entediado", "aborrecido", "deprimido"). A idéia é a de alguém que escolhe alguma coisa para comer não por estar com fome, mas por estar triste ou infeliz. Por analogia, da noção de "comer só por comer" (o que não é recomendável) vem a lista de coisas que se falam só por falar (também pouco aconselháveis). (N. T.)

Rússia: corrupção, assassinatos por encomenda etc.

África do Sul: vociferar contra o *apartheid* (a segregação racial já acabou faz algum tempo)

Espanha: fazer críticas às touradas

Sul dos Estados Unidos: a bandeira dos Confederados*

Quando em Roma...

...faça como os romanos; este continua sendo um conselho bastante sábio. Mas não leve a coisa muito ao pé da letra nem vá longe demais. Copiar os hábitos locais de comportamento pode acabar levando você a fazer papel de ridículo. Muitos argentinos chamam os garçons com um sonoro estalar dos lábios, produzindo um som de beijo, mas isso não cai nada bem vindo de um estrangeiro. Os australianos se cumprimentam com um "*G'day*" (contração de "*Good day*", "Bom dia" — é o equivalente a dizer apenas "Dia"), mas podem reagir bizarramente quando ouvem turistas repetindo a saudação, especialmente se detectarem algum sinal de zombaria; os norte-americanos do extremo sul do país sentem a mesma coisa sobre forasteiros que copiam ou imitam seu jeito arrastado de dizer "*Y'all*" (contração acaipirada de "*All of you*" ou "*You all*", equivalente a "Ocêis tudo" ou "Vosmecês").

Em Cingapura, os locais falam "cinglês", um dialeto crioulo baseado no inglês e que incorpora elementos de chinês, malaio-de-baba e inglês indiano. Embora seja uma atitude simpática fazer um esforço para entender essa linguagem de rua, rica e cheia de malandragens e gírias, com seus enfáticos *lah* e *mah* no final das frases e o "*isn't it?*" ("né?") de estilo sul-africano adicionado às perguntas diretas, você será considerado ridículo se vier com algo do tipo "*Dis guy Singlish si beh powderful wan — hoh seh liao, lah!*" (literalmente, "o cinglês deste cara é muito bom").

---

* Durante a Guerra Civil dos Estados Unidos, também conhecida como Guerra de Secessão (1861–1865), os Estados Confederados (Confederação Sulista) formaram uma unidade política partidária da manutenção da escravatura. (N. T.)

Bangalozado

Outro dialeto que deve ser tratado com cautela é o "hínglês", mistura de híndi com inglês, comum nas cidades da Índia (e que agora se espalhou também pelo Reino Unido). Outrora famoso pelo emprego de expressões esquisitas de estilo indiano como "*poppycock*" ("conversa fiada"), "*the needful*" ("precisado", "necessitado") e "*felicitated*" ("felicitado", "parabenizado"), o hínglês agora envolve a invenção e a cunhagem de palavras mais modernas e que estão na moda: os trabalhadores britânicos de *call centers* que perderam o emprego por causa do deslocamento das empresas para a Índia foram "*bangalored*" ("bangalozados", por causa do típico bangalô indiano), enquanto o assédio sexual agora é referido como "*Eve-teasing*" ("provocar a Eva"). No processo, algumas palavras do tempo em que a Índia ainda era colônia inglesa ressurgiram e agora são completamente *pukka* ("de primeira classe", "absolutamente genuínas").

Achha	É mesmo?; verdade?; realmente?
Airdash	Com pressa
Angrez	Pessoa inglesa
Badmash	Trapaceiro; bandido; arruaceiro; fora-da-lei
Buck	Dinheiro; rupia; libra
Chaa	Chá
Chuddies	Roupa de baixo masculina (como na expressão "Beije minhas cuecas", bordão do programa de tevê *The Kumar* at nº 42 e do programa radiofônico *Goodness Gracious Me Night*, sucessos no Reino Unido)
Filmi	Comportar-se como personagem de filmes produzidos em Bollywood, a Hollywood da Índia (como na frase "Hoje você está muito filmi")
Glassy	Fissurado, precisando de uma bebida
Jungli	Selvagem, sem cultura, sem educação, inculto, bruto
Kati	Estou de mal, não sou mais seu amigo
Prepone (contrário de *postpone*)	contrário de "adiar"; antecipar (uma reunião, por exemplo)
Rasmalai	Um docinho, uma gracinha; portanto, uma mulher atraente
Tik	Saudável; bom; atraente

Outras gírias e dialetos interculturais estão se espalhando por toda parte, e é melhor evitá-los. Para os jovens antenados da Tailândia, por exemplo, "*to chill-chill*" ("ficar de cuca fresca") é "relaxar", e "*hiso*" (abreviação de "*high society*", "alta sociedade") significa "alinhado", "bacana". E não podemos nos esquecer da língua híbrida de Hong Kong: o honklês.

Bonjuer monsiér

Para muitos viajantes, é forte a tentação de falar a língua dos anfitriões, gesto que é sempre apreciado e visto com bons olhos. Em países como Dinamarca e Botsuana, cuja língua nativa tem poucas chances de ser usada em qualquer outro lugar do mundo, mesmo o mais canhestro "*tak*" ("obrigado") ou "*dumela*" ("oi") vão merecer um sorriso pelo esforço. Os russos também adoram quando o turista tenta se comunicar em sua língua.

Em outras culturas, mais orgulhosas, as tentativas inadequadas só servem para deixar os nativos aborrecidos e ofendidos. Qualquer um que já tenha tentado conversar em francês trôpego e macarrônico com um atarefado garçom parisiense vai entender. Na França, geralmente, a menos que você fale francês com confiança, provavelmente seu interlocutor vai preferir que você fale em inglês impecável — depois de um breve pedido de desculpas por não falar francês, é claro. Justamente por isso, nos aeroportos internacionais, pode ficar bem claro, pela expressão irritada do balconista do café, que ele preferia muito mais que você tivesse falado *Thank you* a que ficasse por dez segundos hesitando com o dinheiro na mão tentando se lembrar se o correto é *gracias* ou *obrigado*.

O risco de cometer gafes está sempre presente, particularmente no caso de línguas como o japonês e o chinês, em que é crucial a pronúncia correta. Aquela frase ou brinde que você treinou exaustivamente podem sair com significado totalmente diferente, como no episódio do norte-americano que queria agradecer a seus anfitriões chineses com uma frase cuidadosamente ensaiada: "Muito obrigado pelo jantar. Comi tanto que vou até desapertar o cinto", que, por causa da péssima pronúncia, acabou saindo: "Muito obrigado pelo jantar. O arreio do burro de vocês está frouxo".

A francofonia

Os franceses são famosos pela atitude protecionista da integridade de sua língua, que reinou suprema como a língua franca da diplomacia internacional do século XVI ao início do século XX. Em 1635, o cardeal Richelieu fundou a Académie Française, com o objetivo de regulamentar o uso, o vocabulário e a gramática do idioma francês, garantindo a manutenção de sua pureza. Patoás (dialetos) regionais foram banidos, e nas escolas as crianças eram espancadas se os usassem. Em 1994, na mais recente restrição, a Loi Toubon ("Lei Toubon", assim batizada em homenagem ao então ministro da Cultura) exigia que todas as descrições de produtos, anúncios, propagandas, instruções e sinalização pública na França fossem grafados em francês. Em 1996, a empresa de cosméticos inglesa Body Shop foi multada por usar os termos "no frizz" ("é o fim dos crespos") num creme de tratamento de cabelos e "pineapple" ("abacaxi") num creme de limpeza facial.

Espero com paciência

Na França, perguntas do tipo "Você é casado(a)?" e "Você tem filhos?" são consideradas muitos pessoais num primeiro encontro. Porém, no mundo árabe são as coisas mais adequadas para se perguntar. Na Ásia, igualmente, você pode interrogar à vontade a idade das pessoas, a idade do marido ou da esposa, e até mesmo quanto custou o relógio de pulso que estão usando — assuntos que estariam fora de cogitação na supostamente franca e sincera América do Norte. No Extremo Oriente, esse tipo de curiosidade pode ser ainda mais invasivo. "Quanto você ganha?" ou "Qual é o tamanho da sua casa" não são perguntas consideradas inaceitáveis ou além dos limites no Vietnã, no Japão ou nas Filipinas.

Na África, talvez você seja obrigado a aceitar não apenas "Você é casado?", mas também a ouvir conselhos. "Por que você não é casado?" pode ser seguida de um longo rosário de lamúrias do tipo, "Você *tem* de se casar. Você *precisa* ter *filhos*. Quem vai herdar sua *casa*, seu *carro*?" etc. Em países muçulmanos, pelo menos há uma resposta útil para esse tipo de abordagem: "Alá ainda não me abençoou. Espero com paciência".

Sabra

Os israelenses são famosos pela franqueza. Podem não apenas fazer perguntas diretas e extremamente pessoais, mas também imediatamente emendar conselhos e sugestões. "Quanto você pagou por este terno?" pode ser facilmente seguida por "Pagou caro demais". Não se deixe incomodar com esse tipo de comportamento público brusco: os judeus nascidos em Israel referem-se a si mesmos como "*sabra*", nome do fruto do cacto nativo da Terra Santa. Espinhoso e áspero por fora, mas gracioso e macio por dentro.

Blin

Para quem está acostumado a homens e mulheres que soltam palavrões nas ocasiões em que demonstram esperteza e inteligência e que talvez gostem de ter a boca suja só para mostrar que são malandros, sabichões, "legais", "antenados com a rapaziada" ou coisa do tipo, pode ser difícil compreender que, em muitas culturas, falar palavrão é inaceitável — especialmente na presença de mulheres. Até mesmo na Rússia, país em que as pessoas falam de um jeito que soa violento e ameaçador, uma mulher jamais usaria uma imprecação; é mais provável que, quando ficar aborrecida, preocupada ou agitada, ela diga "*blin*" (um tipo de panqueca doce), o equivalente a dizer "açúcar".

As palavras mágicas

Muitas línguas africanas não possuem palavras para expressar "por favor" e "obrigado", o que não necessariamente reflete rudeza arraigada; é que expressões como essas são vistas como desnecessárias entre indivíduos que já têm obrigação intrínseca para com os outros. A mesma objetividade pode ser encontrada na Alemanha e na Escandinávia, onde é desnecessário esgueirar-se furtivamente com tentativas adicionais de agradar. Em todos esses lugares é fácil demais abraçar a idéia de que todo mundo é grosseiro e mal-educado — quando, na verdade, do ponto de vista deles, estão apenas sendo claros e indo direto ao ponto.

Inglesinhos embirrentos

Certas culturas usam a provocação como maneira de estabelecer e firmar a amizade. Quando você estiver na Argentina, não se ofenda se os anfitriões forem surpreendentemente depreciativos sobre o seu peso ou o estilo das roupas que você está usando; significa apenas que estão ficando à vontade com você. Da mesma maneira, os australianos podem encher seu saco sobre quase tudo. Mas não leve a mal, pois não é nada pessoal: devolva a provocação, só que dentro de certos limites. Tudo bem se um australiano da gema chamar um inglês de "inglesinho resmungão", "inglesinho metido" ou "inglesinho

embirrento"*, falar mal da cerveja quente servida na Inglaterra, do tempo péssimo ou do lamentável time britânico de críquete; mas, se você falar mal do vinho produzido na Austrália, criticar sua cultura nativa ou qualquer aspecto da habilidade esportiva de seus conterrâneos, as risadas vão sumir na hora.

Tome cuidado, também, quando tentar se integrar em culturas autodepreciativas. Um israelense liberal em Tel Aviv pode rir dos "esquisitões barbudos" de Jerusalém, e um egípcio pode zombar da lentidão de sua burocracia, mas, se você fizer suas próprias piadas a respeito desses assuntos, saiba que estará correndo perigo.

Divididos pela mesma língua

Nunca se esqueça de que, mesmo numa única língua, as palavras têm significados diferentes em lugares diferentes. Na Espanha, *adiós* significa "tchau", "adeus", "até logo"; nas ruas de Cuba, as pessoas usam a mesma palavra para se cumprimentar: "oi", "olá". Na França, *bonjour* significa "oi", "olá"; já em Quebec, no Canadá, as pessoas dizem isso para se despedir. Na Espanha, uma *tortilla* é uma tortilha, omelete ou fritada com batatas; no México, é um pão achatado, fino e arredondado, que se come quente com cobertura ou recheio. Em Portugal, *bicha* é "fila"; no Brasil, quer dizer "homossexual", "gay". Em Lisboa, ficar *constipado* quer dizer estar resfriado; no Rio de Janeiro, significa estar sofrendo de constipação intestinal, ou seja,

* No original, "*whingeing pom*", variação de "*whigging pom*", termo depreciativo e insultuoso usado especialmente por australianos (mas também neozelandeses e canadenses) para se referir jocosamente aos ingleses expatriados, que vivem reclamando de tudo (comida, clima, trabalho) e expressando sua saudade da Inglaterra e da rainha. O verbo "*to whig*" é "reclamar", "choramingar", "encher o saco". Para "*pom*", há duas prováveis explicações: de acordo com uma versão, no início da colonização da Austrália, os primeiros ingleses, pouco acostumados ao sol, ficaram com queimaduras na pele, cuja cor avermelhada lembrava uma fruta exótica, o pomegranite; outros acreditam que "*pom*" é a abreviação de "*Prisoner of Mother England*" ("Prisioneiro da Mãe Inglaterra"), em referência tanto ao apego inglês à terra natal quanto aos tempos em que a Austrália era colônia penal da Inglaterra. (N. T.)

ter bastante tempo livre para ler jornal no banheiro. Em Dublin, se você disser que está tendo um "*great crack*", quer dizer que está se divertindo a valer; já em Detroit, vão achar que você está tentando vender pedras de cocaína.

Pochete

As piores confusões entre o Novo e o Velho Mundo provavelmente ocorrem na relação bastante especial entre o Reino Unido e os Estados Unidos. Os britânicos que viajam para os Estados Unidos devem tomar cuidado para, numa festa, jamais perguntar a alguém "*Excuse me, could I bum a fag off you?*" — em inglês britânico, *fag* é "cigarro": "Por favor, você poderia me dar um cigarro?" ou "Por favor, posso filar um cigarro seu?"; mas, para os norte-americanos, *fag* é a forma curta para *faggot*, ou seja, "bicha", "gay", "homossexual". Já os norte-americanos que viajam ao velho continente devem lembrar-se de que lá "*pants*" ("calças") não é aquela peça única de roupa masculina ou feminina que se ajusta à cintura e cobre as pernas (e que os britânicos chamam de "*trousers*"), mas sim as mais íntimas e parcimoniosas roupas de baixo, ou "calcinhas" (a própria palavra se tornou gíria para "droga", "porcaria", "bobagem", "asneira", "tolice"). E a palavra "*fanny*", que para os norte-americanos é o mesmo que "*ass*" ou "*buttocks*" ou "*butt*", ou seja, "bunda", "nádegas", "traseiro" (o que os ingleses chamam de "*bum*", "*backside*" ou "*bottom*"), para os britânicos é gíria que designa a parte mais íntima e pudenda da anatomia feminina, equivalendo a "*front bottom*" ou "xoxota" (o que os norte-americanos chamam de "*pussy*" ou "*vagina*"). Dizer para um inglês ou uma inglesa que ele ou ela está usando "*great pants*" pode provocar olhares esquisitos, já que vão entender que você está elogiando suas roupas de baixo. E se um norte-americano entrar numa loja de conveniência na Inglaterra e pedir uma "*fanny pack*" ("pochete" em inglês estadunidense, o que para os ingleses é "*bum bag*"), podem começar a rir na hora, achando que é algum tipo de acessório sexual.

Outros possíveis mal-entendidos do outro lado do oceano Atlântico

Inglês britânico	Inglês norte-americano
Aubergine (berinjela)	*Eggplant*
Bum (nádegas; bunda; traseiro)	*Fanny/ass/buttocks/butt*
(Car) bonnet (capota ou capô de carro)	*Hood*
(Car) boot (porta-malas de automóvel)	*Trunk*
(car) exhaust (escapamento)	*Muffler*
Cravat (gravata larga; echarpe)	*Ascot*
Digestive biscuit (biscoito digestivo)	*Graham cracker*
Dinner jacket (*smoking;* casaco de rigor)	*Tux(edo)*
Ex-serviceman (ex-membro das forças armadas)	*Veteran*
Fag (cigarro/homossexual masculino)	*Cigarrete*/gay *man* (gíria grosseira)
Full stop (ponto final)	*Period*
Grill (grelha)	*Broil*
Lift (elevador)	*Elevator*
Public school (escola pública)	*Private school/state school*
Pram (carrinho de bebê)	*Baby carriage*
Roundabout (rotatória; retorno)	*Traffic circle*
Secretary (secretário; escriturário)	*Clerk*
Solicitor (advogado)	*Attorney*
Sweets (doce)	*Candy*
Toilet/lavatory (toalete; banheiro)	*Restroom/bathroom*
Tramp (vagabundo; mendigo)	*Bum*
Trainers (calçado esportivo; tênis)	*Sneakers*
Underground, tube (metrô)	*Subway*
Vest (camiseta, camiseta de baixo)	*Undershirt*
Waistcoat (colete)	*Vest*

Obrigado pelo seu papel higiênico

Os japoneses importaram dos chineses seu sistema de escrita, o que acabou levando, em anos subseqüentes, a ocasionais confusões: o ideograma japonês (ou kanji) para "obrigado" lembra muito o chinês para "desastroso"; o ideograma japonês para "filha" é muito parecido com o chinês "mãe", ao passo que o kanji para "carta" é muito semelhante ao símbolo chinês para "papel higiênico".

Muitos dos *faux pax* (passos em falso, gafes) internacionais estão relacionados ao uso não intencional de gírias para sexo. Dizer a um australiano que você está "*rooting*" ("torcendo") por ele ou para o time dele no campeonato pode não ser a coisa mais sensata a fazer: na Austrália, a palavra "*root*" — cujo significado principal é "raiz" — é gíria bastante grosseira para "fazer sexo", o equivalente ao norte-americano "*to fuck*" ("foder", "trepar"). Portanto, na Austrália, a expressão "*a good root*" não serve para descrever o belo e suculento nabo que você comprou na feira. Se você se aproximar de um jovem casal no Brasil e disser, "*Caliente, no?*", vão achar que você é um simpático turista falante de espanhol fazendo uma pergunta inocente sobre o tempo; já na Espanha, o rapaz vai pensar que você está dando em cima da namorada dele. E se você indagar a um alemão ou uma alemã "*Bist Du heiss?*" ("Você está pegando fogo?" ou "Você está ardente?"), isso não será entendido como uma pergunta sobre a temperatura corporal.

5

Meias brancas e crisântemos

Roupas e presentes

As roupas que usamos emitem poderosos sinais para as pessoas que estamos vendo pela primeira vez ou acabando de conhecer; por isso, tome cuidado para que esses sinais não sejam lidos de maneira diferente quando você estiver no exterior. No Reino Unido, um homem trajando meias brancas fora de um contexto esportivo pode ser um sujeito cafona, brega ou exibido, mas na Suíça, até mesmo o homem de negócios mais certinho e alinhado usa terno e meias brancas. Em Estocolmo, um homem vestido com colete de tricô cor-de-rosa é considerado elegante; já num bar do Alabama, talvez ele seja visto como afeminado. Um executivo norte-americano novidadeiro que entra numa sala de reuniões na Arábia Saudita usando uma gravata da última moda com desenhos de porcos alados certamente ofenderá os presentes — no mundo muçulmano, o porco é um animal impuro.

Boho

Em muitas culturas, a roupa que você usa indica seu status social. Os homens e mulheres de negócios do Reino Unido que ficam zanzando pelo escritório em ternos e saias amarrotadas e tênis esfarrapados devem ter em mente que, em lugares onde a roupa importa muito, caso de Bélgica, Turquia e Brasil, eles serão julgados pela aparência. Justamente por isso, em muitos países árabes e africanos, o conceito de "*boho chic*"* é incompreensível: as pessoas simplesmente não conseguem entender como é possível que uma pessoa de boa situação financeira vista-se com desmazelo ou deliberadamente mal. Se você pode comprar roupas caras, por que motivo não as usa?

Bella, bella

Na Itália, o conceito de *la bella figura* ("a bela figura") chega muito perto de ser um traço da identidade nacional. A intenção dos italianos e das italianas é se mostrarem bonitos o tempo todo; por isso se arrumam, vestem-se com elegância, embelezam-se e usam maquiagem mesmo quando vão fazer as compras rotineiras. Nas noites de verão, no *centro storico* (centro histórico) das cidades pequenas do país, o passeio a pé pelos espaços públicos, conhecido como *passeggiata*, é a chance que as pessoas têm de exibirem tudo, dos sapatos novos à namorada recém-conquistada. Não se espera que o visitante ou turista participe dessa tradição, mas, se você for ficar mais do que apenas um feriado ou fim de semana, vale a pena ao menos tentar sua própria versão da *bella figura*, o que vai lhe garantir ser visto com mais seriedade. Os italianos sempre reparam nos sapatos; mantenha os seus engraxados e lustrosos.

* A expressão *boho* é uma mistura de *bohemian* (boêmio) com *hippie*; o estilo "*boho* chique", atualmente muito popular entre atrizes e celebridades, é uma espécie de revisão moderna do estilo *hippie* clássico; o que define o "boho chique" é a mistura eclética de vários estilos: cigano, étnico, campestre, *vintage*: camisas compridas, superposições de texturas, toques étnicos, bijuterias de materiais naturais, vestidos folgados, lã, peles, botas estilo caubói, cintos de couro, brincos grandes, saias estilo camponesa, sandálias bordadas, túnicas, batas, tops e vestidos em estampas florais etc. (N. T.)

Declaração provocadora

Para as mulheres, a liberdade de escolha das roupas está longe de ser um padrão mundial. Nem precisa dizer que minissaias e *tops* estão fora de cogitação nos países muçulmanos. Na Arábia Saudita, usar trajes como esses certamente vai atrair os golpes do bastão do mulá mais próximo, possivelmente acompanhado dos *mutaween* ou *mutawwa'in*, (membros da *mutawwa*, a "polícia religiosa"); *tops* sem manga estão numa região limítrofe, beirando a fronteira do permitido, e mesmo as calças devem ser usadas com uma blusa comprida, que cubra os quadris.

Mas não vá querer resolver a questão adotando a vestimenta árabe. Se uma mulher ocidental aparecer usando véu e *abaya* (o tradicional vestido ou capa preta comprido dos pés à cabeça, que esconde por completo o corpo, exceto, em geral, por uma diminuta fresta para os olhos), todos vão pressupor que ela ou é casada com um cidadão do Golfo ou está querendo casar-se com um.

A *mutawwa*

A temida "polícia religiosa" saudita (também conhecida como Comissão para a Promoção da Virtude e Prevenção do Vício) é uma milícia dotada de poderes para fazer cumprir a total conformidade com as leis fundamentalistas da sharia. Em sua ronda, os milicianos percorrem as ruas verificando a obediência ao código de vestuário e à segregação de sexos, e assegurando que as orações diárias obrigatórias sejam feitas na hora certa. Em março de 2002, os mutaween foram alvos de críticas sem precedentes, quando impediram meninas de escapar de um prédio em chamas só porque elas não estavam corretamente vestidas com véu e abaya. Quinze meninas morreram e mais de cinqüenta ficaram feridas no incêndio.

Virando nativo

Usar as mesmas roupas dos locais pode ser uma coisa adequada e boa, mas só até certo ponto. Nas Filipinas, vestir a camisa branca semitransparente e bordada conhecida como *Tagalog* de *barong* é algo requintado para qualquer ocasião social, assim como na Indonésia a *batik*,* camisa com pescoço aberto e mangas longas, sempre vai muito bem. Os birmaneses afirmam apreciar os ocidentais que experimentam as tradicionais *longhi*, calças largas parecidas com saias (embora eles próprios tenham trocado a peça tradicional por *jeans* importados da China); já no Paquistão, é totalmente aceitável que turistas do sexo feminino usem o *salwar-kameez*, peça folgada semelhante a um pijama.

Mas o risco de ofender ou parecer ridículo está sempre presente. Os sul-americanos não ficarão impressionados com europeus que comparecerem ao *asado* (churrasco) da noite vestidos como *gaúchos* (o estilo caubói dos pampas) ou em trajes indígenas. No Togo, usar como jóias as contas locais fará de você alvo de risadas: elas são tradicionalmente usadas na cintura para segurar a anágua ou o saiote; pendurá-las no pescoço é o mesmo que enfiar o par de tênis na cabeça.

Escorregadas

Regras antiquadas da etiqueta inglesa ditavam que ninguém jamais poderia usar sapatos marrons com terno escuro. Porém, na maior parte do mundo, quer você esteja usando sapatos ou botas de amarrar pretos, quer escarpins, sapatos de montaria, sandálias, sapatilhas, alpargatas, tênis, pantufas, borzeguins, galochas ou mocassins de couro de crocodilo falso, o fato de ficar com os sapatos no pé é mais ofensivo do que a aparência deles. Em quase todas as residências árabes, o convidado deve tirar os sapatos antes de entrar — você vai perceber uma pilha de botas e sandálias num *rack* junto à porta. Sempre tire os sapatos em templos budistas e mesquitas, mas também não os deixe jogados de qualquer jeito; mantenha-os juntos, de frente para a porta pela qual você entrar. Quando visitar uma casa japonesa, deixe os calçados na *genkan* (área do lado de fora, junto à porta da frente), com a ponta virada para a saída, antes de entrar na casa. Você receberá

* O *batik* é um tecido antigo de algodão, produzido na Índia e na Indonésia, estampado e tingido artesanalmente com processo à base de cera e depois pintado à mão. (N. T.)

chinelos (*suripa*) para caminhar da porta da frente até a sala de estar, onde deverá tirá-los antes de se sentar no tatame (esteira de palha de arroz entrançada que serve de tapete nas casas japonesas). Quando visitar o banheiro, receberá "chinelos de toalete" separados.

Em países assim, é uma boa idéia usar sempre meias limpas. Antes de ir embora, verifique se tem nos pés o par de sapatos certo: é fácil fazer confusão, e vai ser muito chato perceber que você voltou ao hotel usando os tamancos do Sr. Yamazaki.

Sandálias chinesas

Hoje em dia, usar sandálias e meias dentro de casa pode parecer cafona, mas, na China, é *de rigueur*, ou seja, obrigatório. Pés descalços, mesmo que complementando o melhor estilo *hippie*, são simplesmente inaceitáveis.

Etiqueta tcheca

De acordo com Ladislav Špaček, porta-voz do presidente tcheco Václav Havel e co-autor de um manual de etiqueta tcheco publicado em 2005, os quarenta anos de comunismo foram responsáveis por deixar os tchecos com uma notória falta de estilo e graciosidade social. "Foi um enorme retrocesso. Sob o regime comunista, as pessoas usavam simplesmente calças de moletom e macacão." Entre as dicas de moda e vestuário de Špaček para seus camaradas conterrâneos estão: "Chapéus devem ser usados sempre ligeiramente inclinados para um lado", "Se o vestido de uma dama estiver com o zíper aberto, tente avisá-la de maneira delicada e discreta"; "Casacos de pele não ficam bem em qualquer pessoa — especialmente homens".

Presente imperfeito

Dar ou não presentes em países estrangeiros é outra área problemática. Em alguns lugares, como o Japão, a prática beira o compulsório. Em outros, como os Países Baixos, levar um presente para o anfitrião ou sócio é considerado desnecessário, para não dizer perda de tempo e dinheiro. Entre esses dois extremos, há muitas nuanças de obrigação, e muitas ciladas...

Facas de papel e relógios antigos

Pode parecer improvável que algum dia na vida você dê de presente a alguém um par de tesouras ou uma faca, mas, se eventualmente vier a ter essa brilhante idéia, saiba que em lugares tão diferentes como China e América do Sul um presente desse tipo simboliza que você está cortando e pondo fim à amizade ou à relação de negócios. No Brasil, na Argentina e no Peru, lenços representam luto, enquanto para os chineses você pode acrescentar relógios e sandálias de palha à lista de presentes pesarosos — todos esses itens estão associados a funerais. Os cantoneses de zonas rurais, mais supersticiosos, podem até assumir que um relógio dado de presente significa que você está contando as horas, minutos e segundos para a morte daquele que recebe o mimo.

Feito em Bordeaux

Antes de pensar em dar um presente, preste bastante atenção ao lugar em que você está. A América do Sul está inundada de artigos de couro baratos, por isso aquela carteira incrementada pode não ser tão especial assim. Nenhum coreano ficará impressionado com um presente em cuja etiqueta se lê "Feito na Coréia". Levar uma garrafa de vinho a um jantar francês pode não ser meramente óbvio e desnecessário ou a tentativa de ensinar o padre-nosso ao vigário: seu anfitrião pode sentir-se obrigado a servir sua garrafa. Se for um vinho barato ou de baixa qualidade, ou, *mon Dieu*, do Novo Mundo, ele e os outros convidados podem ficar constrangidos por você. Por outro lado, se for um vinho caríssimo, o melhor que o dinheiro pode comprar, talvez seu anfitrião fique envergonhado ao ver arruinada a cuidadosa seleção de safras da sensacional *petit vignoble* (pequena vinícola) que até então só ele havia descoberto.

Insultos coloridos

Antes de escolher seu *cadeau* (presente), preste atenção à religião e às superstições de seu país de destino. Certamente, em países muçulmanos o álcool é indesejável e inaceitável; o mesmo vale para artigos de couro bovino na Índia, onde a vaca é animal sagrado. Outras culturas atribuem grande significado e importância às cores. Vermelho, prateado e dourado são cores auspiciosas e de bom agouro na China, mas o preto e o branco são associados a funerais, o azul é a cor do luto, o verde é azar, e um presente embrulhado em papel amarelo com letras em preto só é dado aos mortos. A melhor maneira de evitar problemas é comprar os presentes no próprio país que você está visitando, e embrulhar numa loja local.

O que você consegue comprar com US$ 19,99?

Seja particularmente cuidadoso com os possíveis contextos políticos ou comerciais de seu gesto de generosidade. Em lugares como Malásia e Paraguai, onde a corrupção é endêmica e reconhecida como problema nacional, presentes que podem ser interpretados como propinas são reprovados e vistos com desagrado. Na China e em Cingapura, os funcionários do governo não têm permissão para jamais aceitar presentes de qualquer espécie, ao passo que o governo dos Estados Unidos limita a 20 dólares o valor dos presentes que um funcionário da esfera federal pode ganhar.

Cuidado com os floreios

Dar flores pode parecer o gesto perfeito, a receita infalível para agradar à adorável anfitriã do jantar para o qual você foi convidado; mas tome cuidado: em muitos países, variedades particulares, cores e até mesmo o número de flores têm associações indesejáveis. Numa gama de países que vai da Costa Rica às Filipinas, os lírios são usados em funerais, enquanto os crisântemos são um lembrete da morte para belgas, italianos, franceses, espanhóis e turcos. Entre outras flores a serem evitadas incluem-se:

Rosas vermelhas	Áustria, França, Alemanha, Filipinas	Sugerem um interesse romântico; são pessoais demais
Dálias	Espanha	Associadas à morte
Frangipani (jasmim-manga)	Cingapura, Malásia, Índia	Associadas à morte
Cravos e cravos-de-defunto	Tailândia, Suécia, Polônia, Alemanha	Usados em funerais
Cravos vermelhos	Áustria	Reservados para a festa de 1° de Maio (Dia do Trabalho)
Flores roxas ou amarelas	Bolívia	Usadas em funerais; significam desprezo
Qualquer coisa amarela	México, Chile, Leste Europeu, Rússia, Irã	Símbolo de mágoa ou separação, sinaliza ódio, desagrado, desgosto
Qualquer coisa branca	Japão	Associada à idéia de morte
Qualquer coisa amarela, vermelha ou branca	México	Sugere a idéia de morte; lança feitiços, anula feitiços
Em número par	Alemanha, Japão, Áustria, Índia, Turquia, Rússia	Azar; usadas apenas em funerais

Em número ímpar	China, Taiwan, Indonésia	Azar
Embrulhadas em papel	Suécia, Alemanha, Polônia	Consideradas rudes
Qualquer flor, exceto rosas	Peru	Tidas como presente barato
Qualquer flor	Quênia, Tanzânia	Apenas para condolências

Não é nada

No Japão, a troca de presentes é parte essencial da vida, e seu caráter quase que santificado aparece na própria língua: em vez de dizerem "Você me ajudou", os japoneses usam a construção "Recebo o presente da sua ajuda". Os nipônicos trocam presentes no Ano-Novo, durante uma época especial do verão, em aniversários e em numerosas outras ocasiões. Se você se hospedar em alguma casa japonesa ou trabalhar com colegas japoneses, a certa altura eles vão querer trocar alguma coisinha com você. Não se apresse nem tome a frente cedo demais, mas, se seu anfitrião der um presente a você, procure retribuir o mais rápido possível.

Seu presente deve ser apresentado numa caixa e/ou lindamente embrulhado, de preferência em papel de cor pastel. Recentes escândalos de corrupção implicam que é melhor evitar oferecer presentes demasiadamente caros para contatos comerciais: escolha algo simples e de bom gosto. Entregue o presente com ambas as mãos, e sugira que o que você está ofertando é insignificante comparado ao relacionamento que está sendo reverenciado. Seu interlocutor japonês fará o mesmo, possivelmente usando a expressão "*Tsumaranai mon*" ("Não é nada"), ou sugerindo de alguma outra maneira que o tocador de MP3 dourado de última geração que ele acabou de entregar a você na verdade não é nada de mais. Presentes individuais devem ser entregues em particular. Mas, se você oferecer presentes para um grupo ou família, reúna todos e entregue um mimo para cada um. Dar presentes a apenas uma pessoa de um grupo é considerado um ato rude.

Uma coisinha de nada

Ao longo (e depois) da vida de um japonês, há 37 ocasiões em que presentes cerimoniais são oferecidos, incluindo o nascimento, o primeiro ano de vida do bebê, a primeira festa de aniversário, o momento em que a criança entra na escola, quando passa de ano, quando chega à maioridade, quando consegue um emprego, quando se casa e quando se forma. Há presentes rituais para a mulher que engravida, para celebrar a longevidade (aos 61, 70, 77, 80, 88, 90 e 99 anos), nos funerais, nos hoji (cerimônia em memória de pessoas falecidas) e nos aniversários de morte.*

Ah, não precisava...

Dar — e receber — presentes com a mão direita ou as duas mãos é uma questão importante no Oriente Médio e em toda a Ásia. Na China, assim como em Hong Kong e no Japão, devem-se usar sempre ambas as mãos.

Na China, em Hong Kong e Cingapura, a pessoa pode "gentilmente recusar" um presente três vezes antes de aceitá-lo; idealmente, você deve fazer o mesmo. Em todos esses países e no Japão você nunca deve exortar a pessoa a quem está oferecendo um presente com frases do tipo "Ah, vamos lá! Dê só uma olhada!". A potencial decepção de receber alguma coisa de que ela não precisa ou que não quer pode levar a uma insuportável humilhação mútua. Em quase todos os outros lugares do mundo, da Suécia ao Chile, espera-se que o seu presente dado seja aberto na sua frente, o que então dá lugar a esfuziantes agradecimentos, mesmo que, em seu íntimo, o presen-

* O *hoji* é uma longa série de reuniões tradicionais em memória e celebração de entes queridos falecidos. A partir do funeral, a reunião é feita semanalmente por sete semanas depois da morte, completando 49 dias de serviço religioso, período durante o qual o falecido viaja pela terra dos mortos até que se decida se deve ir para o céu ou para o inferno. Depois as reuniões se prolongam por muitos anos, passando inclusive de geração. (N. T.)

teado tenha detestado a carinhosa lembrança: um livro de mesa de centro repleto de deliciosas fotografias de sua cidade natal.

Kiondo

No Quênia, se você comparecer a um almoço ou jantar levando um presente de agradecimento, ganhará pontos culturais extras se colocar o mimo numa *kiondo*, tradicional bolsa trançada feita de sisal, invariavelmente enfeitada com contas de vidro. No fim da noite, sua *kiondo* será devolvida a você com um presentinho dentro — e, possivelmente, também um pouco das sobras da refeição que você acabou de comer.

O que não comprar

	Presente bom	*Presente ruim a desastroso*
Países árabes	Uma bela bússola (útil para ajudar a localizar Meca)	Uma carteira de couro de porco; gravuras eróticas; um conhaque refinado; um cachorro
Argentina	Um uísque de primeira (puro malte escocês); perfume para mulher	Uma faca num estojo de couro com logotipo de empresa
Brasil	Convidar (e pagar) para um almoço ou jantar fora; uma garrafa de vinho francês; orquídeas	Uma garrafa de cachaça (a bebida alcoólica local, feita de cana-de-açúcar)
China	Um banquete; um conhaque refinado; uma bela caneta (mas que não contenha tinta vermelha)	Um relógio
Colômbia	Um bom licor ou conhaque	Qualquer coisa que tenha o logotipo de uma empresa (é considerada coisa barata)

França	Flores, chocolates	Uma garrafa de vinho, especialmente do Novo Mundo; qualquer coisa que tenha o logotipo de uma empresa
Índia	Uma bela caixa de doces ou massas	Um cinto de couro bovino; uma jaqueta de couro
Japão	Um bom conhaque europeu ou uísque escocês; uma bela caneta	Uma linda faca entalhada (sugere separação)
Coréia	*ginseng* norte-americano	qualquer coisa em que se leia "Feito na Coréia"
México	Flores; chocolates; vinho europeu	Vinho californiano; qualquer coisa prateada (considerada comum demais)
Rússia	Um CD favorito; uma caixa de vinho refinado	Uma garrafa de vodca
Venezuela	Orquídeas (a flor nacional); boas jóias	Lenços (representam tristeza)

Marcado

Embora presentes com marcas registradas e logotipos de firmas sejam vistos como pouco ou nada impressionantes, no Reino Unido os produtos que estampam marcas, particularmente de grandes lojas, podem fazer um surpreendente sucesso. Um pote de frutas em conserva da Fortnum & Mason ou uma lata de biscoitos da Harrods com uma fotografia da famosa sede de Knightsbridge podem ser justamente aquilo de que você precisava para causar sensação, do Caribe a Kyoto. E muitas dessas lojas de departamentos possuem pontos-de-venda nos aeroportos.

Dando bandeira

Para marcar a visita oficial de George Bush pai à China, em fevereiro de 1989, o premiê Li Peng deu ao presidente dos Estados Unidos uma bicicleta — um presente bastante atencioso, já que Bush adorava bicicletas, e, no período em que servira como embaixador dos Estados Unidos na China, sempre falou com carinho de seus dias de ciclista. Em retribuição, Bush deu a Li Peng um par de botas texanas: numa das solas, uma bandeira da China; na outra, as listras e estrelas da bandeira norte-americana. Mas, na Ásia, obviamente, a sola dos pés é considerada a parte mais vil e impura do corpo.

6

Oogy wawa!

Brindes e drinques

Compartilhar um drinque é um gesto que simboliza a consolidação dos vínculos de amizade ou o sucesso de um acordo de negócios em quase todas as culturas, mesmo naquelas em que o álcool não é permitido (nos países islâmicos, servem-se chá ou café). Se pelo menos a coisa fosse tão simples quanto levantar o copo e levá-lo aos lábios...

Wee Willie Winkie*

Fazer o brinde correto é um campo minado em potencial. O tradicional "tintim", que imita o ruído do bater de copos, pode soar bem na Galícia, na Toscana ou até mesmo num *pub* barra-pesada da periferia de Londres, mas pode não ser o som mais adequado para brindar em Tóquio, onde *cin-cin* (pronuncia-se "chin-chin") é uma palavra que a mãe pode usar com o filhinho pequeno no banheiro para descrever certa parte engraçada da anatomia dele.

Caveira!

Na maior parte dos brindes, as palavras giram em torno da idéia de desejar "saúde" ou "vida longa" aos convivas ou amigos. Entretanto, o escandinavo "*skål*" (que em inglês é o mesmo que "*skull*", "caveira") é mais sinistro e se origina do costume *viking* de beber usando como caneca o crânio vazio do inimigo recentemente aniquilado. Para brindar à moda escandinava de maneira apropriada, erga seu copo ou taça com um gesto em arco, da cintura aos lábios, encarando diretamente nos olhos seu anfitrião. Depois diga "*skål*", beba e, antes de devolver o copo à mesa, movimente-o em onda junto ao rosto do anfitrião, sempre mantendo contato visual. Se você estiver em grupo, mesmo que sua dose já tenha sido servida e esteja tentadoramente esperando na mesa, bem à sua frente, todos devem esperar que o anfitrião diga *skål* antes de beber.

Sexo ruim

Em todo lugar há variações locais. Na Suíça, você deve fazer retinir os copos e taças de todos à sua volta antes de beber. No Japão, você jamais deve encher seu próprio copo; espere até que seu conviva do lado se ofereça para fazê-lo, e, quando o copo do seu vizinho de mesa estiver meio vazio, devolva a gentileza. Na China, se seu anfitrião le-

* Wee Willie Winkie é personagem do poema infantil escocês de mesmo nome escrito por William Miller em 1841. Tarde da noite, Wee percorre a cidade de casa em casa verificando se as crianças já estão na cama. (N. T.)

vantar um brinde, você deve imediatamente propor o seu próprio. Na Alemanha, há uma velha superstição segundo a qual quem não olhar diretamente nos olhos do conviva ao brindar estará condenado a sete anos ininterruptos de sexo ruim.

Os copos certos

Em alemão, os equivalentes básicos de "Saúde!", "Viva!" e "À sua saúde" são "*Prost!*" (para cerveja) ou "*Zum wohl!*" (para vinho). Mas brindes personalizados podem ser mais longos e mais elaborados: "*Ich möchte einen Toast auf Hermann ausbringen!*": "Eu gostaria de propor um brinde ao Hermann!". Brindes mais elaborados são usados em ocasiões especiais e podem incluir pitadas de humor:

"Hoffentlich hast du soviel Spaß an deinem Geburtstag, daß du ihn von nun an jährlich feierst!": "Espero que você se divirta tanto no seu aniversário que de agora em diante passe a celebrá-lo todo ano!".

"Hundert Jahren sollst du leben und dich freuen, und dann noch ein extra Jahr — zum Bereuen!": "Que você viva cem anos, com um ano extra para se arrepender"!

"Das Leben ist bezaubernd, man muß es nur durch die richtige Brille sehen!": "A vida é maravilhosa, você só tem de vê-la com os copos certos!".*

* O trocadilho do original é intraduzível: "**the right glasses**" pode ser "os copos certos", "os óculos certos", "os vidros certos", "os espelhos certos". (N. T.)

É interessante notar que muitos desses brindes alemães tiveram origem na Irlanda, onde a capacidade de inventar saudações etílicas extravagantes é insuperável: "Que você viva quanto desejar, e nunca deseje enquanto viver"; "Que o Senhor guarde você em Sua mão, e nunca feche o punho com muita força"; "Se você é sortudo bastante de ter nascido irlandês, você é sortudo o bastante!".

Tamada

Na República da Geórgia e no Azerbaijão, os brindes podem invariavelmente durar a refeição toda, e isso não é uma prática aleatória, especialmente num *supra* (banquete). Uma pessoa é designada para — ou às vezes simplesmente assume — o papel de *tamada* (literalmente, "pai de todos") ou mestre-de-cerimônias. Cabe ao *tamada* conhecer todo mundo e apresentar cada um com um encômio adequadamente exagerado, louvando seu sucesso financeiro, a empatia com as outras pessoas, as habilidades culinárias, ou qualquer que seja a característica em que o alvo do brinde sobressaia. Às vezes o brinde pode tomar a forma de uma pequena narrativa com um final surpreendente que faz referência ao homenageado. Cada brinde individual pode durar de dez a quinze minutos, e, uma vez que todos à mesa devem ser incluídos, a sessão formal completa pode durar horas. O visitante é homenageado primeiro; depois, tradicionalmente, vêm os mais velhos, os *aqsaqqals* ("homens de barba branca"), e assim por diante, em ordem de importância. Após ter recebido sua louvação, certifique-se de ficar sentado em silêncio pelo resto da cerimônia. Quem conversa com o vizinho de mesa, ou até mesmo bebe, enquanto os brindes estão sendo feitos não tem boas maneiras.

"Brilhante e o Titanic"

Entre jamaicanos e afro-americanos dos centros urbanos, "brindar" ou "fazer o toast" (toasting) significa coisas bastante diferentes. Os "brindes" jamaicanos são as "palavras" que os MCs e DJs acrescentam às músicas, que vão desde gritos estridentes a comentários ou narrações, sempre rimados ao estilo de rap. Já os toasters afro-americanos narram suas releituras e versões de lendas negras. Um velho e famoso toast, "Brilhante e o Titanic", relata as heróicas tentativas de Brilhante, um foguista negro do navio condenado, de avisar seu capitão do desastre iminente. Toasts mais contemporâneos podem ter como tema questões importantes e urgentes da comunidade local.

Bunda para cima!

Embora muitos brindes sejam uma versão do "Saúde!" — como o francês "*Santé*" e o irlandês "*Sláinte*" —, outros têm significados diferentes. O grito japonês de "*Banzai*" ("Vida longa") equipara-se ao judaico "*Le Chaim*" ("À vida"). O inglês "*Bottoms up*" ("Vamos virar os copos!") encontra eco ao redor do mundo. Na Grécia, "*Aspro pato*" significa "fundo branco (do copo)"; na Eslováquia dizem "*Až do dna*", que numa tradução livre seria "Até o fundo"; já no Havaí, "*Okole maluna*" significa literalmente "Bunda para cima".

Quase sempre, os brindes são bastante semelhantes numa determinada região, mesmo que os países da tal região sejam inimigos históricos. "*Skål*", por exemplo, é a coisa certa a dizer na Noruega, na Suécia, na Dinamarca e na Islândia (embora na Islândia você também possa dizer "*Samtaka nu*").

Em russo se diz "*Na zdorovye*" (com acento tônico no primeiro *o*; o resto é apenas um resmungo), enquanto na Polônia é *Na zdrowie*, na Bulgária é Na *zdrave*, na República Tcheca é *Na zdraví*, na Eslováquia é *Na zdravie*, e na Sérvia, *U zdravlje*. Versões de *Salud* funcionam bem na Europa ocidental e, por causa das relações lingüísticas, também na América do Sul. Na Itália, é *Salute*; na Espanha, no México e na América Latina hispanofalante, *Salud*; já Portugal e o Brasil têm o mais suave *(À Sua) Saúde*. Nos Países Baixos você pode optar entre duas maneiras: *(Op uw) gezondheid*, que é a mesma coisa para belgas e africâneres (sul-africanos descendentes dos colonizadores holandeses, os bôeres) — na África do Sul; ou *Proost*, que na Alemanha e na Áustria se torna *Prost*.

Outros brindes

Língua	Brinde
Armênio	*Genatzt* (pronuncia-se *Genatsoot*)
Basco	*Topa*
Bengali	*Joy*
Chinês	*Kong chien/Wen lie/Ganbei*
Coreano	*Knobel/Kong gang ul wi-ha yo*
Finlandês	*Kippis*
Georgiano	*Gaumarjos*
Grego	*Yamos/Iss Ighian* (antiquado)/*Gia sou*
Groenlandês	*Kasugta*
Havaiano	*Hipahipa/Hauoli maoli/Okole maluna*
Híndi	*Apki lambi umar ke liye/Mubarik*
Húngaro	*Kedves egeszsegere*
Indonésio	*Selamat minum*
Maori (Nova Zelândia)	*Kia-ora*
Tailandês	*Chai-yo*
Turco	*Serefe*
Zulu	*Oogy wawa*

As damas

Na Rússia, o segundo brinde geralmente é "*Za zhenshchin*" ("Às mulheres"). Embora sem dúvida seja um pouco de mau gosto, quase igual a um inglês brindando "Às damas", aprender este e outros brindes em russo sempre vai bem.

O brinde silencioso

Nos Estados Unidos, a tradição prega que jamais se deve brindar a alguém com água, porque se diz que isso condena aquele que recebe o brinde à morte na água. No Reino Unido, durante a celebração anual da Marinha Real no Dia de Trafalgar, bebe-se em homenagem à memória do almirante Lorde Nel-

son, vitorioso na famosa Batalha de Trafalgar (1805), em que os britânicos derrotaram embarcações aliadas da Espanha e França. Depois de dizer as palavras "À memória imortal de Nelson e àqueles que tombaram com ele" (ou simplesmente "À memória imortal"), todos bebem em total silêncio.

Estou não pensa...

Em países como Finlândia, Polônia e Rússia, a bebida preferida é o álcool. Seus anfitriões vão assediar você com vodca e esperam que você fique bêbado, embora, obviamente, vão ficar ainda mais admirados se você se mostrar um beberrão mais resistente que eles. Lembre-se: na Rússia, quando se abre uma garrafa de vodca, ela deve ser bebida até o fim — e um brinde significa esvaziar o copo. "Você me *rezz-bekt?*", vai perguntar seu inebriado anfitrião ao convidá-lo para acompanhá-lo em mais uma rodada. Se você quiser ao menos continuar sóbrio, certifique-se de comer bastante *zabuski* (petiscos) entre as doses.

No Reino Unido, na Irlanda, na Austrália e nos Estados Unidos, prevalecem atitudes semelhantes e o hábito de beber em grande quantidade. Nos bares e *pubs*, grande parte das conversas de início de noite gira em torno das gracinhas e palhaçadas da última sessão de bebedeira, e bêbados lendários — os atores britânicos Oliver Reed e Peter O'Toole, o jogador de futebol inglês George Best, o jogador de críquete Freddie Flintoff etc. — são reverenciados.

...quanto tão bêbado você

No sul da Europa as pessoas são bem mais moderadas no consumo de álcool. Um jantar francês pode muito bem girar em torno de uma requintada *bouteille* ou duas, mas, quando o vinho acaba, a festa continua alegremente com *tisanes* (chás de ervas). E estragar o apetite com um martíni é considerado de mau gosto: o *apéritif* deve pelo menos ter o mesmo estilo do vinho que será servido. Assim como na França, na Itália a embriaguez é considerada o ápice da falta de educação, embora recentemente as gerações mais novas venham seguindo a tendência dos europeus do norte; o resultado é que agora se vêem vidro quebrado e poças de vômito nas ruas em que outrora só havia a tranqüila e simpática *passeggiata*.

Suiyi!

Os chineses esperam que o visitante beba bastante. Se você não quiser acompanhar o "*Ganbei!*", seguido do costumeiro gesto de beber tudo de um só trago, diga "*Suiyi!*" ("Cada um faz como quiser!"), o que permite que, em vez de virar tudo, você dê apenas um pequeno gole.

Com as costas da mão

Os latino-americanos têm uma série de bizarros tabus na hora de encher os copos de vinho, por isso é melhor aguardar que seu copo ou taça seja abastecido. Servir com a mão esquerda, por exemplo, é considerado um ato rude, assim como é indelicado dar batidinhas na garrafa com as costas da mão.

Bancando a rodada

Quando você sair com um grupo de amigos e conhecidos na Austrália, assim como no Reino Unido, é importante sempre "bancar sua rodada" ou "pedir sua rodada" (isto é, pagar drinques para todos os presentes). Os visitantes abstêmios ou que bebem pouco não precisam se preocupar: essa tradição tem mais a ver com a idéia de compartilhar, e não com embriaguez obrigatória; assim, desde que todos sejam servidos à vontade do que quiserem, é perfeitamente compreensível se você quiser beber suco de laranja a noite inteira.

Os mais experientes sabem que uma estratégia sábia é pagar uma das primeiras rodadas, antes que o custo do consumo cada vez maior dos convivas se torne proibitivo; o único perigo desse ardil é você ainda estar na mesa quando chegar sua vez de novo. Outro truque para economizar dinheiro é oferecer uma rodada quando todo mundo ainda estiver terminando a anterior, com os copos ainda meio cheios: alguns podem recusar, embora outros aceitem, porque preferem enfileirar copos na mesa. Tentar esquivar-se de pagar sua rodada é completamente desaconselhável. A pessoa que, pouco antes de chegar sua vez de bancar as bebidas, alega precisar ir embora cedo ou ter outro compromisso nunca passa despercebida pelo resto da turma. E, quando for embora, ou até mesmo antes disso, receberá duras críticas e pode ficar para sempre estimagtizada como "*bludger*" ("parasita"), e dali por diante será alvo de marcação cerrada.

Ocasionalmente alguém decide bancar uma rodada para o bar inteiro. Quem faz isso geralmente: (a) está celebrando o fato de que tirou o bilhete premiado da loteria e ganhou uma bolada; (b) está tão bêbado que perdeu o juízo; ou (c) está num bar vazio.

Por minha conta

Tome cuidado: em muitas partes do mundo, se você convidar uma pessoa para sair e tomar um drinque — Índia, Gana e México, para citar apenas três —, a implicação é a de que você vai pagar. Convidar alguém para sair e esperar que ele ou ela pague a própria conta seria considerado o cúmulo da indelicadeza.

Stammtisch

No Reino Unido, nos *pubs* da zona rural você ocasionalmente encontrará uma cadeira reservada para George, Tom ou Maureen, fregueses habituais que aparecem sempre na mesma hora, bebem sempre a mesma coisa e, por alguma razão, precisam sentar-se sempre no mesmo lugar. Na Alemanha, os *pubs* e *bierkellers* (cervejarias) deixam uma mesa reservada para os fregueses assíduos. Ela é chamada de *Stammtisch* e em geral é sinalizada com uma tabuleta (ou, nas cervejarias tradicionais, uma grande placa de latão em cima da mesa). Se você, turista desavisado, se sentar na *der Stammtisch*, certamente será convidado a mudar de lugar.

Chá total

Na Arábia Saudita, as bebidas alcoólicas são proibidas. Lá, e em todos os países do mundo árabe, em vez de álcool são oferecidos constantemente chá e café. Você deve aceitar sempre, mesmo que seja apenas para bebericar. Geralmente, primeiro se oferece chá. Quando você tiver terminado, o anfitrião oferecerá café. Depois chá de novo, e a seguir mais café. O processo pode durar horas, e é uma maneira importante de cultivar a amizade. Já no Japão, você jamais deve encher seu próprio copo; espere até que seu anfitrião ou vizinho de mesa se ofereça para fazê-lo, e, quando o copo dele estiver meio vazio, devolva a gentileza.

Chaji

No Japão, o chá é oferecido informalmente em todas as casas e escritórios. Mas, se um dia você for convidado para uma "cerimônia do chá", prepare-se para algo completamente diferente. A *chaji* (reunião de chá)* é um evento altamente formal e ritualístico, e talvez se aproxime mais de um serviço religioso do que de

* A cerimônia do chá tem dois outros nomes: *Chadô* (ou *chado* ou *sadô*), literalmente "caminho do chá", um dos nomes da cerimônia quando encarada de um ângulo filosófico-religioso, e "*chanoyu*". (N. T.)

uma reunião social em que se toma chá; a cerimônia completa dura de quatro a cinco horas e obedece a uma enorme quantidade de regras e rituais, nos quais os praticantes podem levar anos se aperfeiçoando.

Se você participar de um desses eventos, certifique-se de que está usando roupas folgadas e confortáveis. Além de tirar os sapatos, podem pedir que você troque de roupa e vista um quimono; se não, depois de alguns minutos no ritual de agachamento chamado *seiza*, você pode se arrepender de estar usando calças apertadas. Se o anfitrião perceber a agonia silenciosa de seu convidado e convidá-lo a se acomodar numa posição mais à vontade, o homem deve sentar-se de pernas cruzadas e a mulher com uma das pernas encolhidas de lado. Nunca se sente com as pernas escancaradas à sua frente.

Algumas cerimônias do chá começam com uma refeição leve de vários pratos — ou *kaiseki* —, servida numa bandeja com pauzinhos (*hashis* ou fachis) de madeira de cedro, novos em folha. Se não, após entrar pela pequena porta de deslizar na delicada e impecável sala de chá — ou *chashitsu* — e acomodar-se no tatame, o anfitrião servirá um docinho chamado *okashi*, iguaria que você deve comer com pequenas mordidas, tomando cuidado para que as migalhas caiam todas sobre o prato, e não em você — ou, pior ainda, sobre o tatame.

Depois que o anfitrião lava e seca ritualmente os utensílios de preparação do chá (denominados *Rikyu-gata*), ele faz a bebida. Na sala à meia-luz, o anfitrião passa a cumbuca ou tigela (*chawan*) para o convidado principal, que a aceita com uma reverência, antes de se inclinar em reverência aos convidados que ainda não foram servidos. A cumbuca é erguida e girada, em sentido horário, na mão. O convidado a contempla antes de beber, depois sorve um pequeno gole e a entrega ao convidado seguinte.

A essência da cerimônia do chá é a harmonia zen criada pelo ritual formulaico. A conversa deve ser mantida no nível mínimo da polidez, e Deus me livre se alguém tiver a idéia de oferecer um cartão de visita.

A felicidade da vida

Os japoneses não são os únicos que encaram o chá de maneira formal. Na Mauritânia e na Nigéria, o chá é servido numa cerimônia dividida em três partes: primeiro, uma xícara sem açúcar, representando as dificuldades e as durezas da vida; depois uma segunda xícara, com menta e açúcar, refletindo quanto a vida melhora assim que a pessoa se casa; e por fim uma xícara bem adocicada, simbolizando a felicidade da vida quando nascem os filhos. É falta de educação ir embora antes de beber as três xícaras.

Mate

Na Argentina, no Uruguai, no Paraguai e no sul do Brasil, o mate é a bebida favorita. Amargo e suavemente estimulante, o chá-mate é preparado com a infusão de folhas secas da erva-mate em água fervente e carregado numa cuia. Em Montevidéu, é comum ver as pessoas andando com seus apetrechos para preparação do mate numa bolsa de couro, com espaço para a garrafa térmica, a cuia e grandes estoques de chá. O chá é sorvido da cuia por meio da bomba, ou bombilha, longo canudo de metal achatado numa extremidade e provido de um ralo esférico na outra, evitando, assim, que o pó da erva seja sorvido. Numa reunião ou roda de amigos, você deve tomar totalmente o mate — de preferência fazendo a cuia "roncar" — antes de devolver a cuia ao preparador, que a enche novamente com água quente, sobre a mesma erva-mate, antes de passá-la para as mãos de outra pessoa.

Ch'a

A origem do chá como bebida é tema de um sem-número de mitos pouco confiáveis. Mas certamente o chá já era popular na China muitos séculos antes que o Ocidente sequer tivesse ouvido falar dele, e fora estabelecido como a bebida nacional sob a dinastia Tang, entre 618-906 da era cristã. Os primeiros europeus a consumirem o chá foram os holandeses, no início do século XVII, quando então era uma bebida caríssima, exclusiva dos abastados.

A popularidade do chá no Reino Unido deve-se muito a Catarina de Bragança, a rainha consorte portuguesa de Carlos II. Quando ela chegou à Inglaterra, em 1662, o chá era tão desconhecido que, ao pedir uma xícara da bebida, trouxeram a ela um copo de cerveja. Contudo, inspirados no exemplo da rainha, o chá rapidamente tornou-se popular na corte e depois foi adotado pela aristocracia como a bebida mais elegante e moderna; exótica, cara e sujeita a altíssimos impostos.

7

Pepino-do-mar e língua de rena

A refeição

A boa notícia é que, no simples ato de sentar-se para comer com uma pessoa de outra cultura, você está sendo aceito e trilhando o caminho para criar e fortalecer os vínculos de amizade. A má notícia é que a estrada para a felicidade social está infestada de lixo, dificuldades e obstáculos, de *amuse-bouche* a *Birkat ha-Mazon*...

Eu sou o primeiro?

Na Alemanha, se você for convidado para um jantar às sete da noite, isso significa sete da noite; qualquer coisa além das 7h15, será considerado falta de educação, mesmo que o convite seja para uma refeição leve à base de frios que eles chamam de *abendbrot* ("pão da noite"), em oposição ao mais substancial *abendessen* ("refeição da noite"), que também pode ser feita num restaurante. Na França, você pode esticar o "*quart d'heure académique*" e se atrasar um pouco mais que os quinze minutos regulamentares, mas não se atrase a ponto de perder uma das séries de pratos cuidadosamente orquestrados pela anfitriã. Na América Latina, a menos que você não queira pegar seus anfitriões ainda se arrumando, não só faz parte da cultura como é fundamental chegar atrasado. Na Argentina, aparecer na hora certa implica que você é bom de garfo — avarento, para falar a verdade. O mesmo vale em Cingapura.

A que horas sai o jantar?

Em todo caso, o mundo come em horários diferentes. Os poloneses tomam um reforçado café-da-manhã bem cedo, depois ficam sem comer nada até o *obiad* (jantar), entre duas e quatro da tarde. Os trabalhadores assalariados japoneses podem devorar uma tigela de macarrão na hora do almoço, mas sentirão fome lá pelas cinco ou seis da tarde, quando estarão prontos para algo mais substancial (embora aqueles que trabalham muito longe de casa e precisam pegar condução só consigam comer às nove da noite). Os norte-americanos que ainda se sentam juntos à mesa para comer jantam cedo, por volta de seis ou 6h30, enquanto a maior parte dos europeus espera até 7h30 ou oito. Espanhóis, portugueses e latino-americanos adoram almoçar tarde, por isso só estarão preparados para outra refeição mais pesada bem tarde; assim, se pedirem para você chegar às oito da noite no Brasil, tome cuidado — você provavelmente só verá a cor do prato principal lá pelas dez ou onze, se não mais tarde.

Descanse em paz, RSVP

Hoje em dia, os convites RVSP — abreviatura da expressão francesa "*Répondez S'il Vous Plaît*" ("Favor Responder" ou "Faça o Favor de Responder") — são tratados bem mais casualmente, o que acarreta angústia e ansiedade dos anfitriões no mundo todo. Isso não é novidade na Indonésia, país em que as pessoas nunca se mostram muito entusiasmadas na hora de se comprometer a comparecer e eventos sociais, mesmo que no convite esteja escrito RSVP. Por isso, se você está planejando dar uma festa em Jacarta e quer casa cheia, é sempre bom enviar também um lembrete. E é aconselhável divulgar: (a) o que a festa está celebrando; (b) quem vai; e (c) o nome do convidado mais importante. Tenha em mente que, assim como em outras culturas asiáticas, as pessoas têm dificuldade de dizer "não"; portanto, uma resposta "Sim, acho que vou, sim", não é, de jeito nenhum, a garantia de que ela vai de fato comparecer.

Minha esposa convida...

Nos países árabes, as mulheres raramente saem socialmente. Se você convidar um casal (mesmo que seja para ir à sua casa), pode ser que a esposa não apareça. Ao tentar levar um casal para jantar, a melhor tática é usar a fórmula "Minha esposa convida sua esposa", e ao mesmo tempo oferecer voluntariamente informações sobre os outros convidados cuja presença você está esperando. Isso vai ajudar o marido a decidir se quer que a esposa conheça essas pessoas, e simultaneamente assegura a ele que haverá outras mulheres no evento.

Sente-se aí em qualquer lugar

Embora hoje em dia os almoços e jantares ocidentais já não respeitem mais a formalidade de disposição dos lugares à mesa marcados ("*placement*"), em países tão diferentes como Arábia Saudita e Coréia do Sul o arranjo dos lugares é crucial, refletindo o status do indivíduo no grupo e o grau de honraria a ele concedido.

Tradicionalmente, no Reino Unido e nos Estados Unidos, havendo homens e mulheres presentes, observava-se a disposição inglesa dos lugares: o anfitrião e a anfitriã ocupavam as cabeceiras da mesa; os convidados mais importantes (convidados de honra) eram colocados à direita do anfitrião do sexo oposto. Assim, o homem mais importante sentava-se à direita da anfitriã, e a mulher mais importante à direita do anfitrião. O segundo homem mais importante sentava-se à esquerda da anfitriã, e assim por diante, no sentido da cabeceira para o centro da mesa, de onde os menos importantes podiam observar seus fascinantes superiores e fofocar sobre eles — os assentos alternados para homens e mulheres evitavam que um homem se sentasse ao lado de outro ou uma mulher ao lado de outra. Em países da Europa continental, em contrapartida, seguia-se a maneira francesa, e era mais provável que os anfitriões e anfitriãs ocupassem as laterais de centro da mesa, deixando a "*bout de table*" para os menos importantes. Os eventos que ainda hoje respeitam a disposição dos lugares marcados à mesa provavelmente estão prestando homenagem a essas tradições.

Na China, os jantares formais de negócios — ou banquetes — são quase sempre exclusivos de homens, e usualmente realizados numa mesa redonda, e não retangular. O líder do grupo de convidados ocupa o assento de honra à direita do anfitrião, de frente para a porta; o segundo convidado mais importante fica à direita do anfitrião número dois, do lado oposto da mesa. A partir daí o restante do grupo ocupa lugares alternados, com o resultado bizarro de que o convidado menos importante de todos acaba ficando do outro lado do anfitrião.

"Deus é firmeza, vamos comer, que já está na mesa"

Antes que você se sente para comer, saiba que em muitas culturas deve-se dizer algum tipo de oração ou dar graças. Nos países muçulmanos, é imprescindível dizer "*Bismillah*" ("Em nome de Deus") antes de se empanturrar. Judeus praticantes dizem o "*ha-Motzi*" (coloquialmente conhecido como "*motzi*"), se não diariamente, certamente na ceia da noite de sexta-feira, quando são acesas as velas do Sabá (*Shabat* ou *Shabbat*, "descanso", nome dado ao dia de descanso semanal no judaísmo, observado a partir do pôr-do-sol da sexta-feira até o pôr-do-sol do sábado), o vinho é santificado, e come-se o chalá, ou *challah*, pão doce trançado e pincelado com ovo batido: "Bendito sejas Tu, Eterno nosso Deus, Rei do Universo, que fazes sair o pão da terra". A bênção do pão é geralmente dita em hebraico, quase sempre por uma das crianças pequenas presentes. Os judeus mais tradicionalistas podem lavar as mãos ritualmente, o que é feito em silêncio. As conversas começam assim que a "*motzi*" termina.

Nas casas de famílias norte-americanas cristãs, o gesto de dar graças pode variar de um agradecimento prolongado ao Todo-Poderoso a algo mais rápido: "Boa comida, boa carne, bom Deus, vamos comer"; "Por favor, abençoe estes três pecadores enquanto comem seu jantar", ou até mesmo algo como "Deus é poder, vamos comer", "Deus é firmeza, vamos comer, que já está na mesa" e "Deus é maravilhoso, vamos comer, que está gostoso".

Oferecendo alegria

É mais provável que as orações budistas e hindus enfatizem a celebração da qualidade única da existência ou o o aperfeiçoamento da condição espiritual dos humildes seres humanos reunidos à mesa:

"Com o primeiro gosto, prometo oferecer alegria.
Com o segundo sabor, prometo aliviar o sofrimento dos outros.
Com o terceiro bocado, prometo ver a alegria dos outros como minha própria.
Com a quarta porção, prometo aprender o caminho do desapego e da equanimidade".

Bom apetite

Depois que você já estiver no seu lugar, antes de enfiar o garfo, a faca, os pauzinhos ou a mão no rango, geralmente é melhor esperar até que o anfitrião ou a anfitriã já tenha se sentado com o prato cheio — ou que pelo menos exorte você a começar. A essa altura, algumas palavras também podem ser ditas: "*Bon appétit!*", na França, ou "*Sahtain!*", nos países árabes, por exemplo; já muitos alemães não começam a comer enquanto o anfitrião não disser "*Guten appetit!*". Na Argentina, igualmente, todos esperam o anfitrião dizer, "*¡Buen provecho!*" antes de se empanturrar. No Japão, dizem "*Itadakimasu*" ("Eu recebo humildemente esta dádiva"), ao passo que na China é "*Youyi!*" ("À amizade!").

Oshibori

No Japão, antes de comer, você receberá uma toalhinha (quente no inverno e fria no verão) conhecida como *oshibori*, que deve usar para limpar as mãos, e não o rosto nem o pescoço. E jamais assoe o nariz nela.

Desculpem os dedos

Em países onde não oferecerem a você nem faca, nem garfo, nem colher, nem pauzinhos, espera-se que você coma com as mãos. Em geral — e certamente no Oriente —, a mão direita é usada para comer, e a esquerda é reservada para uma função relacionada à digestão, algumas horas depois. É absolutamente proibido comer com a mão "impura".

Na África, pode ser que ofereçam a você uma tigela de comida coletiva, da qual sua mão esquerda deve ser mantida longe o tempo todo. Alguns africanos têm o costume de primeiro mergulhar o dedo indicador direito na tigela para sentir o gosto; o hábito de experimentar primeiro vem de uma velha praxe de certificar-se de que a comida é fresca e boa para comer. E você só deve comer da parte da tigela diretamente à sua frente.

Embora no Ocidente se usem talheres, certos pratos difíceis ainda são comidos com os dedos, mesmo nas mesas mais elegantes; no Reino Unido, entram na categoria "comidas difíceis": aspargo, espiga de milho, caranguejo e costelinhas, enquanto muitos consideram perfeitamente polido pegar com uma das mãos o osso já quase descarnado de uma coxa ou asa de frango e chupá-lo *à table*. Na França, há o antigo e refinado costume de limpar o molho do prato com um pedaço de pão; e na Espanha não há problema em comer o camarão com os dedos. No México, onde *tacos* e *tortillas* são comidos com ambas as mãos, usar garfo e faca seria visto como gesto esnobe.

Porém, na Finlândia, você raramente deve comer algo com os dedos. Quando estiver acompanhado, use talheres até mesmo para comer uma maçã: espete-a com o garfo e descasque-a com uma faca.

As colheres de Stálin

Na rádio BBC, Hugh Lunghi, intérprete britânico nas reuniões entre Winston Churchill e Stálin durante a Segunda Guerra, recordou um jantar em que testemunhou o tirano soviético em sérios apuros, confuso diante da profusão de talheres alinhados dos dois lados do seu prato. "Como é que se usam estas ferramentas?", perguntou. Depois que Lunghi obsequiou-o com uma demonstração, Stálin agradeceu: "Somos primitivos na nossa maneira de lidar com a comida, temos muito que aprender com vocês".

O privilégio do tio

Era uma vez, nos frondosos condados da Inglaterra, quando as babás de mentalidade mais antiquada e tradicionalista davam flagrantes nas crianças que punham os cotovelos sobre a mesa e as ameaçavam dizendo, "Todas as juntas sobre a mesa devem ser *entalhadas*"... A idéia, rudimentar, era a de que as crianças não tinham permissão para colocar os cotovelos sobre a mesa até: (a) chegar a 21 anos de idade; ou (b) se tornarem tios. Mas, em outros países, ter sobrinhos ou sobrinhas não é qualificação para cometer tamanha barbaridade. Para os norte-americanos, pôr os cotovelos sobre a mesa é sempre falta de educação; já os franceses gostam de ver os comensais sentados com as costas bem aprumadas e os pulsos delicadamente pousados sobre a beira da mesa.

Partindo o pão

Estonianos e italianos consideram que cortar o pão com faca é falta de educação; ele deve ser despedaçado com as mãos. Os italianos também arrancam um naco de seu pedaço de pão antes de passar nele geléia, manteiga, patê de anchovas ou o que quer que seja. Cobrir uma fatia inteira de pão com geléia e depois morder é visto como gesto extremamente grosseiro.

Waribashi

Nem todo país asiático usa pauzinhos para comer; na Tailândia, come-se com colher e garfo. Mas no Japão, na China, em Taiwan, na Coréia e no Vietnã, os *hashis* são a norma, e é preciso aprender com antecedência a usá-los. Não é exatamente um *faux pas* pedir talheres ocidentais, mas em muitos restaurantes simplesmente não há esses utensílios à disposição, por isso vale a pena tentar apressar o aprendizado.

Então vamos lá: primeiro, mantenha fixo qualquer um dos pauzinhos entre o polegar e o indicador. A extremidade mais fina deve ficar virada na direção da comida (quanto mais distantes seus dedos estiveram da comida, mais sofisticado você é). Agora, pegue o outro *hashi* e segure entre a ponta do polegar e os dedos indicador e médio. Você move apenas o de cima, como se fosse uma torquês, para "pegar" a comida; o outro, entre o polegar e o indicador, permanece fixo.

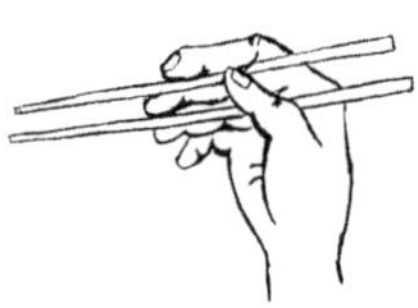

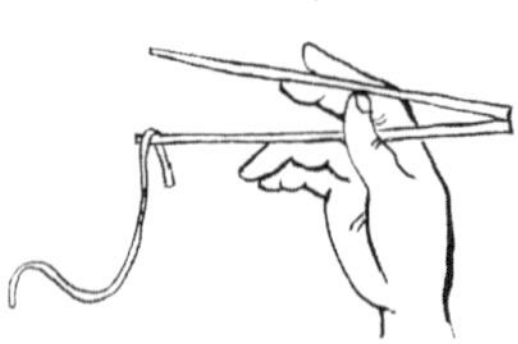

Você não deve jamais espetar os *hashis* no alimento. Quando não estiver usando os pauzinhos, ponha-os a sua frente, sobre a mesa ou do lado esquerdo do prato (nunca os coloque cruzados um sobre o outro nem em lados opostos do prato); não aponte com os *hashis* para alguma coisa ou alguém nem os mova à toa sobre a comida ou ao redor do ar, como se estivesse brincando e tentando decidir o que pegar; não use os *hashis* para puxar os pratos para você. O pior crime de todos é espetar os *hashis* no arroz, porque apenas em funerais os pauzinhos são fincados verticalmente nas tigelas de arroz que serão postas no altar do falecido. Nunca passe comida diretamente de seu *hashi* para o de outra pessoa, porque isso imita um ritual dos funerais japoneses — o da passagem dos ossos de um corpo cremado de pessoa para pessoa.

Quando você comer num restaurante do Japão, provavelmente receberá *waribashi*, *hashis* descartáveis de madeira; pode impressionar seus anfitriões retirando os *hashis* da embalagem de papel e fazendo o que os locais fazem: transformar o embrulho de papel num descanso para os pauzinhos. Dobre a embalagem ao meio, unindo as duas extremidades, depois faça um nó simples na pequena tira de papel da ponta: ali você descansa a ponta cega dos *hashis*.

Geralmente os *waribashi* vêm unidos na parte de cima, com uma das pontas presa. Para separá-los em duas varas, segure na horizontal com a mão esquerda e puxe para cima com a mão direita, no colo, assegurando-se de que nenhuma lasca de madeira caia na comida. Quando terminar de comer, desfaça o nó da ponta da embalagem e coloque os *hashis* de volta ali dentro; é o sinal que indica ao garçom que você já acabou.

Você deve comer tudo com os *hashis*, até o último grão de arroz na tigela. No caso de sopa, pegue os pedaços de comida um a um, depois beba o líquido da tigela. A única exceção é o *sushi*, que pode ser comido com as mãos, enfiando-o todo na boca de uma vez. Ponha um pouco de molho de soja (*shoyu*) em um pequeno prato. A maneira correta de embeber o *sushi* é virá-lo de cabeça para baixo, com a parte do peixe cru para baixo. Se você tentar com a parte do arroz para baixo, a iguaria vai se desintegrar e fazer uma bagunça bastante indigna. Tome cuidado para não confundir o tempero em pasta verde *wasabi* (raiz-forte) com guacamole (que é purê de abacate temperado com sal, limão, azeite, cebola, tomate e pimenta), erro muito comum que vai obrigar você a sair correndo em busca de chá verde.

Todas essas regras sobre os *hashis* valem também para a China e Taiwan, onde seus utensílios em geral serão mais arredondados, não descartáveis, mais difíceis de manejar, e não virão embalados em papel. Se você não receber um descanso de cerâmica para os *hashis*, deve colocar a extremidade dos pauzinhos junto ao prato, sem tocar a mesa (a mesma coisa no Vietnã e na Coréia). E, se houver alguma coisa em sua boca que você queira remover — um pedaço de cartilagem ou qualquer coisa que o valha —, use os *hashis* ou a colher de sopa de porcelana, mas não os dedos. Perversamente, tudo bem se você cuspir o corpo estranho num prato ao lado.

Sushi e sashimi

O termo sushi, embora seja amplamente usado no Ocidente para descrever todos os tipos de petiscos japoneses envolvendo peixe cru, no Japão refere-se a um alimento à base de arroz temperado com vinagre e açúcar e recheado com peixe, frutos do mar, vegetais, frutas ou ovo. A cobertura pode ser crua, cozida ou marinada; e o sushi pode ser servido sobre uma tigela de arroz, enrolado em uma tira de alga marinha seca, em bolinhos de arroz feitos manualmente, ou recheado em uma pequena bolsinha de tofu seco. O sashimi é um prato diferente: é uma iguaria que consiste de peixes servidos crus — culinária que remonta ao ano 123, quando o cozinheiro-chefe serviu ao imperador reinante mariscos e bonito cru com vinagre. No século XVII, percas, vermelhos, tubarões, enguias, carpas, moluscos, atum, linguado e lula já eram usados na preparação do sashimi, que à época ainda era servido com vinagre temperado, e não molho de soja, como hoje em dia.

Soja, não

Regar com molho de soja o arroz — o que se faz muito no Ocidente — é totalmente proibido no Japão. Sem contar o fato de que o arroz é sagrado, a soja estraga o sabor delicado que você deveria estar apreciando.

Escorregadios

Tanto na China quanto na Coréia, o padrão é usar palitos de dente entre os pratos. À mesa, use o palito com uma das mãos, cobrindo a boca com a outra; não palite os dentes com a boca aberta ou os dentes à mostra. Tudo bem usar o palito para pegar pedaços de alimentos muito escorregadios — alga, cogumelos etc. —, difíceis de segurar com os *hashis*. E, se você quiser mais chá, não é preciso importunar os garçons. Simplesmente vire sua xícara de cabeça para baixo no pires e logo trarão uma xícara fresca. Se sua chávena estiver vazia e você quiser que seja reabastecida, vire a tampa de cabeça para baixo e balance-a na alça.

Olho de bode e bolo de rato

Se a certa altura da refeição seu anfitrião oferecer a você "a iguaria local", é importante aceitar, mesmo que você tenha engulhos só de olhar para o maligno olho de bode no seu prato. Sopa de pata de urso na China, ensopado de cachorro ou de gato na Coréia, pudim de rato em Arunachal Pradesh (na Índia) — merecer a oferta dessas delícias é uma honra rara, além de um sinal importante de aceitação. Se você realmente sentir asco e ânsia de vômito e não conseguir enfiar os acepipes goela abaixo, deve pelo menos reconhecer que se sente honrado. Uma maneira de escapar é dizer, com enorme polidez, que, apesar de se sentir imensamente honrado (do fundo do coração), você prefere conceder a distinção a (ao estômago de) outro, que a estimaria muito mais. A seguir, passe o prato diante.

Delícias globais

A seguir estão listadas algumas das comidas e iguarias mais difíceis e desafiadoras que alguém pode oferecer a você, isso se as coisas estiverem indo bem entre você e seus anfitriões:

Austrália (aborígine): larvas de mariposa
Bali: libélula assada na brasa ou cozida

China: "pepino-do-mar" (lesma-do-mar), sopa de ninho de passarinho, sopa de pênis de bode, sopa de pata de urso, "dragão, tigre e fênix" (ensopado de cobra, gato e frango), sapo-boi, pés de galinha, ovos "de cem anos de idade", guisado de jumento

Etiópia: sangue fresco, sangue coagulado frito

França: pés e intestinos de porco, estômago de vaca, cérebro de carneiro, carne de cavalo, lesmas

Hong Kong: pés de galinha, testículos de peru (supostamente afrodisíacos)

Japão: *sashimi* (peixe cru), *fugu* (baiacu venenoso), *uni* (ovas de ouriço-do-mar — outra comida supostamente afrodisíaca), *inago* (gafanhoto frito), *semi* (cigarra frita), *sangi* (pupa ou ninfa do bicho-da-seda frita), *hachi-no-ko* (larvas de vespa e abelha cozidas), *natto* (feijões de soja fermentados com forte cheiro de amônia)

Malásia: fruto do Durião

México: formigas com cobertura de chocolate

Nigéria: *hanni* (uma lagarta); larva de gorgulho (um besouro); mistura de larva de besouros

Filipinas: *balut* (ovo de pato contendo um embrião em gestação)

Escócia: *haggis* (coração, pulmão e fígado de ovelha, misturado com farinha de aveia e cozido em seu saco estomacal)

Sibéria: fígado ou carne de rena fria; sangue de rena

América do Sul: porquinho-da-índia frito em grande quantidade de óleo

Coréia do Sul: ensopado de carne ou de gato

Espanha: *calamares en su tinta* (lula em sua própria tinta)

Tailândia: filé de crocodilo ao molho mostarda; cobra com bicho de bambu; sapo montanhês

Toscana: estômago de vaca cozido

Vietnã: bife de tatu, café fermentado de feijões vomitados por doninhas

Este último não é piada. A bebida resultante tem um gosto forte e mais suave que o do café normal, e só é sobrepujada em raridade pelo café indonésio feito de feijões semidigeridos (e excretados) pelo gato-de-algália de Sumatra.

Olhos de ovelha

Geralmente, em algum ponto da carreira os diplomatas britânicos tiveram que colocar em primeiro lugar o país e não o estômago ou seu reflexo de regurgitação na hora de experimentar a "iguaria local". Michel Shea, ex-secretário de imprensa da Rainha, afirmou num programa da rádio BBC ter comido rato na América do Sul e morcego seco nas ilhas do Pacífico. "É preciso ser gentil nessas horas, pois pode ser um dos pratos nacionais", disse ele aos ouvintes. Numa linha de conduta semelhante, o tarimbado diplomata no Oriente Médio Sir Antony Acland passou pela famosa "cerimônia da cabeça da ovelha", na qual o globo ocular é dado ao convidado de honra. "Eu sabia que estava sendo homenageado, o anfitrião sabia que estava me homenageando, mas a honraria não era exatamente saborosa."

Pias separadas

Numa vida dedicada a Deus, o judeu devoto só tem permissão para comer alimentos *kosher*. Isso inclui todas as frutas, legumes e verduras e qualquer animal que "tem unhas fendidas, e o casco se divide em dois, e rumina" (Levítico 11: 2-3), o que inclui vaca, ovelha e bode, mas exclui porco, cavalo, camelo, lebre e coelho. Quanto aos pássaros: peru, pato, galinha, ganso, faisão e pombos são permitidos; águia, corvo, cormorão, coruja e muitas outras aves de rapina estão fora. Peixes com escamas e barbatanas são *kosher*, portanto são proibidos (*treyfah*), e estão eliminados polvos, mariscos, caranguejos, camarões. Há debates contínuos sobre a permissão ou proibição de certos peixes indeterminados, como o rodovalho e o peixe-pescador, que não têm exatamente escamas.

Seguindo o versículo "Não cozerás o cabrito no leite da sua própria mãe" (Êxodo 23: 19), os judeus que seguem a cozinha *kosher* não misturam carne com derivados do leite. Possuem conjuntos separados de louça, cutelaria e de utensílios para a preparação de carne e leite, e nas casas ortodoxas tudo é lavado em pias separadas e guardado em armários diferentes. Geralmente observa-se um período de espera de três a seis horas entre a carne e os laticínios, embora em alguns lugares possa ser menos (25 minutos nos Países Baixos). Pode-se comer *parve* (qualquer coisa que não seja carne nem laticínio, como frutas, legumes e verduras) com carne ou laticínio — uma adição relativamente recente na mesa *kosher* é o sorvete *parve*, feito sem derivados de leite, que pode ser comido após uma refeição com carne. Se você visitar uma família *kosher*, lembre-se de não pedir manteiga para passar no pão durante uma refeição com carne, nem peça leite para acompanhar seu café depois.

Halal e *haram*

Os muçulmanos também possuem regras rigorosas sobre o que podem ou não comer, de acordo com as prescrições do Alcorão: *halal* (permitido, autorizado) e, em oposição, *haram* (proibido). Os alimentos *haram* incluem porco (e javali) e todos os seus derivados, como toucinho, banha e gelatinas; sangue; álcool e comida contendo extratos alcoólicos, e animais que tenham morrido de morte natural ou abatidos por outro motivo que não o consumo. Os animais para consumo devem ser sacrificados obedecendo a um determinado ritual, por um muçulmano.

Uzooma

Nos países árabes, é costume oferecer mais comida ao visitante sempre que ele acaba de comer. Assim que você terminar, vão pedir por duas ou três vezes para que você se sirva de mais, num ritual conhecido como *uzooma*. Você deve recusar já na primeira vez; o anfitrião vai insistir e você deve recusar novamente; o anfitrião vai insistir de novo, e aí é melhor entregar os pontos. Se você realmente não agüentar mais, deixe alguma coisa no prato.

Na Bélgica, igualmente, deixar um pouquinho de comida no prato significa que você já está satisfeito. Na Tailândia, também, é um sinal positivo — obrigado, gostei muito da minha refeição. Mas, no Reino Unido e nos Estados Unidos, onde às crianças se ensina "limpar os pratos", deixar sobras é considerado um pouco desagradável; em El Salvador, onde muitas pessoas vivem na linha da pobreza, deixar absolutamente qualquer tipo de comida no prato é errado e visto como desperdício.

O som do silêncio

Os franceses têm uma expressão para aquele momento do jantar em que todas as conversas cessam de repente e há um instante de silêncio antes que alguém dê início a um novo assunto — *un ange passe* ("um anjo está passando") — talvez porque uma conversa animada à mesa seja o lugar ideal para eles. Porém, em muitas outras culturas o silêncio na hora de comer é aceitável ou até mesmo exigido. Chineses e japoneses não esperam necessariamente conversas à mesa, nem os finlandeses nem os nigerianos.

Yan hui

A principal experiência gastronômica na China é o *yan hui*, ou banquete, que provavelmente fará parte de qualquer viagem de negócios minimamente bem-sucedida. Embora seu anfitrião jamais tenha a expectativa de que você conheça todas as sutilezas do comportamento correto durante o evento, ficará encantado se você conseguir compreender ao menos os procedimentos básicos.

Os banquetes são geralmente realizados em ambientes especiais, em salões privativos de restaurantes. Se você estiver num grupo, todos os membros devem chegar juntos e na hora, o que pode ser bem cedo: seis ou 6h30 da noite. Você será recebido à porta e levado ao salão reservado de banquetes, onde seus anfitriões estarão à sua espera. A pessoa mais importante do grupo deve entrar primeiro. Talvez seus anfitriões saúdem sua entrada com palmas; a coisa mais educada a fazer não é sorrir nem assentir divertidamente, mas aplaudir também. Depois, aperte a mão de todos e troque cartões de visita com as pessoas que você ainda não conhece. Todos serão acomodados em seus devidos lugares, um a um, por ordem de importância (ver item "Sente-se aí em qualquer lugar").

O banquete tem início com o anfitrião oferecendo comida ao convidado mais importante, ou erguendo os *hashis* e anunciando que a refeição já começou. Agora você pode se servir de toda a comida que quiser, mas com cuidado, já que há até quinze pratos, e parar de comer no meio de um banquete é considerado falta de educação.

Tradicionalmente, o festim começa com petiscos frios e doces, depois passa para sopa e legumes cozidos no vapor, frutos do mar e pratos de carne, até chegar à *pièce de résistance*: um peixe inteiro, servido com cabeça, pele e barbatanas (considera-se de mau agouro virar o peixe para pegar a carne sob as espinhas). Depois disso vem mais sopa, seguida de frutas ou sobremesa. Já perto do fim é servido o *fan*, uma tigela de arroz, do qual você deve dar apenas uma beliscada, para indicar que não quer comer mais nada. Sinta-se à vontade para elogiar o tempo todo seus anfitriões e agradecer pela qualidade da comida — é quase impossível exagerar na polidez.

O ato de brindar é parte importante do banquete, e é iniciado pelo anfitrião. Ele vai erguer o copo — geralmente cheio de *maotai*, licor de 65% a 70% de teor alcoólico feito de sorgo fermentado — com ambas as mãos e dizer algumas palavras, às vezes desculpando-se pela frugalidade da refeição que se inicia, e concluindo com "*Ganbei!*". Todos imitam seu gesto, e de um só gole esvaziam os copos, virando-os em seguida na direção do anfitrião para mostrar que estão vazios. Depois disso, está inaugurada a temporada de bebida e oferecimento de brindes, o que pode ser feito de pessoa a pessoa ou ao grupo como um todo; contudo, como sempre no Oriente, você deve se lembrar do seguinte: (a) nunca encha seu próprio copo ou taça; (b) quando beber bebidas alcoólicas ou *maotai*, e não vinho, cerveja ou refrigerantes, deve ser como parte de um brinde. Para um bom anfitrião é questão de honra tentar embebedar seus convidados. Mas de maneira amena e divertida, pois cair ou vomitar seria uma tremenda humilhação.

Depois que o último prato foi servido e comido, o banquete termina sem cerimônia. O anfitrião se levanta e anuncia que foi um prazer convidar a todos para a festividade. É o sinal para todos irem cambaleando até os carros — isso se ainda conseguirem passar pela porta. O dono da casa acompanhará alguns dos convidados para se despedir; se você for o anfitrião, deve fazer o mesmo.

O famoso arroto árabe

No Ocidente, fazer barulho ao comer é considerado grosseiro. Mastigar espalhafatosamente, beber ruidosamente a sopa, ou, Deus me livre, arrotar são atos jamais vistos com bons olhos nas culturas européias. No Extremo Oriente, entretanto, não é apenas correto beber avidamente a sopa e comer atabalhoadamente o macarrão: é essencial. Arrotar, diz-se, resfria o macarrão e dá mais sabor, além de ser elogio ao cozinheiro.

Existe um duradouro mito ocidental de que os árabes gostam de dar um sonoro arroto após a refeição para mostrar sua simpatia e gratidão pelo cozinheiro ou pela comida. Alguns norte-americanos acreditam que isso seja verdade também no caso de alemães e franceses. Mas, na verdade, é um hábito que você vai encontrar mais em países do centro e do norte da África (como Nigéria e Quênia), e o arroto deve ser bem discreto. Na China, também, um pequeno arrotinho, parte de um gemido de "aaaaaaaaaaah" pós-arroto, indicando que você apreciou muito a refeição, é mais do que aceitável.

Dayman

O que se espera de fato, tanto nos países árabes quanto em qualquer lugar, é uma expressão de agradecimento. Ao final da refeição os convidados devem elogiar a comida que acabaram de comer e dizer "*Dayman*" ("Sempre", da frase "Que sempre haja fartura em sua mesa"). Ou "*Alhamdu lillah*" ("Graças sejam dadas a Deus"). Expressões similares são repetidas no mundo todo. A versão bangladeshiana é "*Sukhur ethamdu-lillah*", ao passo que os japoneses dizem "*Gochisosama deshita*". Os judeus têm uma oração completa para se fazer à mesa depois das refeições, se quiserem — a *Birkat ha-Mazon* ou *Birkat Ha'Mazon* —, e, ao contrário do *ha-Motzi*, a honra de dizer a bênção em agradecimento pelos alimentos às vezes é dada a um convidado.

Tradicionalmente, essa oração incluía a frase "Nunca desprezei um homem virtuoso destituído, com seus filhos mendigando pão". Depois dos horrores do Holocausto, alguns judeus mais progressistas a substituíram por uma oração que reflete os limites dos poderes de Deus: "Que não nos tornemos cegos às necessidades dos outros, nem surdos aos gritos por comida... ajudai-nos a remover a fome do mundo".

Flores gloriosas

Seja cauteloso para não exagerar na dose de louvores a seus anfitriões mais abastados em países como a Índia e as Filipinas, onde a refeição certamente terá sido preparada por um cozinheiro, e não pelos donos da casa. Tente encontrar algum detalhe mais pessoal para elogiar. Aquele lindo arranjo de flores no centro da mesa, por exemplo, provavelmente deve ter sido um toque pessoal da sua anfitriã.

Doggy bag e *pabaon*

Nos Estados Unidos existe a tradição de levar para casa a comida que sobrou à mesa do restaurante, acondicionada numa "*doggy bag*", ou "*doggie bag*" ("sacola para viagem"), geralmente uma caixa de papel ou embalagem de alumínio (outras expressões usadas são "*take-out box*" e "*to-go box*"). Embora originalmente a idéia fosse levar as sobras para o animal de estimação em casa, hoje em dia é plenamente aceito que elas podem ser reaquecidas no forno de microondas e comidas por seres humanos no dia seguinte. Os norte-americanos podem ser extremamente defensivos acerca desse costume, e, diante de visitantes europeus que tentarem dizer que transportar comida fria para comer depois é nojento, há grandes chances de citarem a pobreza e a fome no Terceiro Mundo como justificativa.

Nas Filipinas há um hábito semelhante, conhecido como *pabaon*, colocado em prática nas refeições em casa, e não restaurante: as sobras são dadas aos convidados para que as levem embora. Em Samoa, igualmente, se você participar de uma cerimônia de casamento ou qualquer outra celebração, ganhará uma grande caixa de comida para todos os seus parentes que não puderam comparecer.

"Garçom!"

Praticamente não existe lugar no mundo em que chamar o garçom com um assovio ou um estalar de dedos seja aceitável. Se você tentar, eles encontrão maneiras de fazer você sofrer — especialmente se você pedir sopa. Na maioria dos lugares, basta um aceno discreto, talvez acompanhado de um sorriso e olhos convenientemente suplicantes.

Todas as proibições relativas a gestos e sinais descritas anteriormente se aplicam igualmente à mesa. Na Indonésia, o aceno para chamar o garçom deve ser feito com um movimento bastante sutil dos quatro dedos, a palma da mão para baixo; na China, o melhor é usar apenas o contato visual. Uma exceção para toda essa discrição e medo de se comprometer é o bom e velho Iêmen, onde você pode bater palmas para chamar os funcionários.

Dicas sobre gorjetas

Como bem sabem todos aqueles que já tentaram sair de um restaurante nos Estados Unidos sem dar gorjeta, nesse país é praxe deixar um dinheiro extra (uma "caixinha") para o "pessoal do serviço"; quem não deixar gorjeta pode ouvir berros e até ser perseguido na rua pelo garçom. Em outros países o costume varia. Numa ponta da escala temos a Itália, onde o cliente deve dar gorjeta além de uma taxa extra de serviço acrescentada à conta; na outra, estão Nova Zelândia, Japão e Tailândia, onde a prática é incomum e em geral

a gorjeta será recusada. No Japão, pode ocorrer o contrário do que acontece nos Estados Unidos: o garçom acaba correndo atrás do cliente para devolver o dinheiro deixado sobre a mesa. No mundo todo, o país mais avesso a gorjetas é a Islândia, onde pagar a mais do que a conta soa como um insulto.

Rachando a conta em Pequim

Em culturas que valorizam e enfatizam se não a igualdade social, mas pelo menos a igualdade nas ocasiões de convívio social, dividir a conta de uma refeição no restaurante é comum — nos Estados Unidos, a expressão é "*go dutch*", ou seja, "pagar à moda dos holandeses"; no Brasil, é "rachar a conta". Assim, você vai encontrar comensais que dividem a conta na Escandinávia, nos Paises Baixos, no Reino Unido, na Austrália e nos Estados Unidos — às vezes com um cuidado tão extremo que ultrapassa o tédio. Quem sair para comer com um desses estraga-prazeres que insistem em somar detalhadamente a parte de cada um pode acabar reclamando e exigindo um pouco da generosidade do espírito de culturas do sul da Europa, do Oriente Médio e da América latina, onde as pessoas *brigam* para pagar a conta — e onde a idéia de que Fulana deve pagar menos porque não pediu entrada e Sicrano deve pagar mais porque é enorme e bebe feito um gambá ou não é compreendida ou é entendida como algo constrangedor.

É interessante notar que em alguns países da América Latina usa-se a expressão "pagar à americana" para o hábito de dividir a conta, enquanto na Itália dizem "*pagare alla romana*", o que é injusto com os romanos, que são, sem dúvida, tão generosos quanto seus demais compatriotas. Na China, o conceito de dividir a conta pode ser até ofensivo. Se você for convidado para almoçar ou jantar num restaurante, seu anfitrião ou anfitriã vai pagar: você deve gentilmente objetar e se oferecer para pagar (até três vezes), mas sugerir uma contribuição deixaria humilhado o anfitrião ou a anfitriã. Retribua em outra ocasião, pagando uma esplêndida refeição. Não, a menos que você tenha saído com um grupo de jovens, jamais sequer cogite a idéia de tentar "rachar a conta" em Pequim.

Feliz aniversário, todo mundo

No Reino Unido, geralmente as pessoas levam o ou a aniversariante para comer fora e fazem "uma vaquinha" para pagar a conta. Em outras partes do mundo, quase sempre é o contrário: é seu aniversário, por isso você está encarregado de fazer as honras para seus amigos. Numa ocasião como essa, nos Países Baixos, troque apertos de mãos com todos os presentes e congratule todo mundo que tiver alguma relação com o aniversariante: as crianças, por exemplo, são cumprimentadas no aniversário dos pais.

Na China, aniversários não são comemorados em hipótese alguma. A idade é computada a partir do momento da concepção, por isso o bebê já está com quase um ano quando nasce. Em vez disso, o sétimo dia do Ano-Novo Chinês é celebrado como o "aniversário de todo mundo".

Onchi

O visitante que é convidado para jantar em algumas casas no Reino Unido pode ficar surpreso quando, depois de acabar de comer, em vez de se sentar tranqüilamente para conversar e tomar um digestivo, for cooptado pelos anfitriões para participar de jogos coletivos, que vão desde brincadeiras de acertar nomes por meio de mímicas a charadas e jogos com dados e cartas. No Oriente, o entretenimento pós-jantar preferido é o caraoquê ou karaokê (*karaoke*), e, se você for convidado a participar, deve ter uma música na ponta da língua — a qualidade da sua performance é o que menos importa. Nesses países, em que manter as aparências é normalmente tão importante, fazer papel de bobo num contexto social informal dará a seus anfitriões a idéia de que você é um bom companheiro e uma pessoa divertida. Os japoneses, incidentalmente, se referem a alguém que canta de forma desafinada como *onchi*, e a música que alguém canta particularmente bem é uma *ohako*.

Balde vazio

Em geral há o consenso de que o karaoke ("balde vazio") se originou na cidade japonesa de Kobe, na década de 70. Muito antes disso, o entretenimento musical já era popular no Japão, tanto que uma das exigências tradicionais do guerreiro japonês — ou samurai — era ter uma música ou dança para executar publicamente no jantar. Embora ainda na década de 50 o selo norte-americano Magic Minus One tenha lançado discos de jazz e música clássica sem vocais e instrumentos individuais, a invenção do karaokê propriamente dito é creditada ao músico japonês Daiske Inoue, que no início dos anos 70 respondeu aos pedidos de cópias de suas performances ao piano e ao violão com um toca-fitas que tocava uma música por cem ienes. Num país famoso pelo conformismo público, em pouco tempo esse meio de dar vazão à individualidade virou mania, moda, coqueluche, e depois uma sensação mundial, que a tecnologia acompanhou no mesmo passo.*

A gente tem mesmo que ir

Quando, ao final de um jantar na França, seu anfitrião ou anfitriã oferecer um suco de laranja ou outro refresco, significa que é hora de ir embora. O mesmo vale para o momento em que servirem água gelada no Oriente Médio. Lá, quando você anunciar que está indo embora, seus anfitriões vão pedir que você fique e dizer que ainda é cedo. É uma oferta puramente ritual. Você não deve levar ao pé da letra.

---

* E não "orquestra vazia", como se diz freqüentemente.

8

De mãos dadas no templo

Na rua — em público

Não são apenas as sutilezas na hora de comer que merecem atenção. Quando você chega a seu novo país, descobre que muitas coisas são diferentes. Talvez a torneira de água fria em seu quarto de hotel ainda seja marcada com a letra F (de *froid* ou *freddo*). Mas a de água quente pode ter um C (de *chaud*, *caldo* ou *caliente*), e aquele banho morno de banheira tão desejado pode acabar sendo uma surpresa chocante. Mas não será a única. Assim que você sair do saguão do hotel e botar o pé na rua, vai dar de cara com muitos outros motivos para se surpreender tanto a ponto de se sentir ultrajado. Deus não permita que seja você o motivo do ultraje...

Merda do nariz

Os japoneses não usam lenços da mesma maneira que nós usamos. Para eles, é grotesca a idéia de limpar a *hanakuso* ("merda do nariz") em um pedaço de pano e guardar no bolso. Assoar o nariz em público é considerado falta de educação. Se você tiver mesmo que fazê-lo, vire-se e use um lenço descartável, recolha-se a um banheiro ou inale o muco para dentro, dando uma chupada no seu nariz, como eles fazem. Lenços são estritamente reservados pra limpar as mãos ou a boca.

No Oriente todo, da Arábia Saudita à China e à Malásia, o melhor é não assoar o nariz na frente de outras pessoas — especialmente na hora das refeições.

Cuspir é muito mais aceitável. Na China, durante as refeições as pessoas alegremente cospem ossos sobre a toalha de mesa; por toda parte, mesmo em ônibus e trens, todo mundo está liberado para cuspir à vontade, particularmente nas áreas rurais.

Demonstração pública de afeto

Em países como Irã, Arábia Saudita, Egito e Tailândia, é muito provável que você veja dois homens andando de mãos dadas ou braços enlaçados, o que não passa de mero sinal de amizade. Porém, no mundo árabe é impensável que um homem e uma mulher façam a mesma coisa — na Arábia Saudita, esse tipo de demonstração pública de afeto é ilegal, punível com chicotadas. Os casais heterossexuais que visitam o golfo da Arábia devem estar atentos para essas proibições, que se aplicam tanto para nativos quanto para os estrangeiros.

Na Tailândia, entretanto, ninguém se importa muito com o que os forasteiros fazem; nas regiões rurais, os *farangs* (estrangeiros) e seu comportamento esquisito são garantia de diversão constante para os locais.

Cigarros

Na sociedade ocidental, fumar em público é atualmente um hábito em decadência. Nos bares e cafés, mesmo nas mesas da calçada ou áreas externas, as pessoas pedem permissão para acender o cigarro, coisa que há alguns anos seria altamente improvável. E hoje em dia é ilegal fumar dentro de bares e restaurantes em Londres, Dublin e Nova York. Aos pobres fumantes nega-se inclusive o direito de ter suas áreas reservadas, e eles são forçados a escafeder-se para a rua fria, onde (em Nova York) o bar pode ser multado se fizerem muito barulho.

Os que são contrários a essa tentativa de tornar mais saudáveis os espaços públicos deviam considerar seriamente a hipótese de migrar para o Oriente Médio. Nos países árabes, particularmente aqueles do Levante e do Magreb*, o direito do homem de fumar é inegociável. Mesmo se você vir cartazes de "Proibido fumar" em salas de espera, elevadores ou trens, também verá que os homens árabes ignoram solenemente o aviso. A única exceção é durante o mês do Ramadã, ou Ramadão (nono mês, de trinta dias, do calendário islâmico, durante o qual os muçulmanos devem jejuar; ver capítulo 15) período em que é proibido fumar do alvorecer ao pôr-do-sol. Na China, também, fumar ainda é considerado um direito e um hábito correto. De fato, é um hábito de "macho". Se um homem oferecer a você um cigarro durante uma refeição ou festa, ele espera que você aceite.

Correção

Em Cingapura, as autoridades levam ao extremo o controle da conduta pública. O comportamento mal-educado — de jogar lixo na rua a não dar a descarga em banheiros públicos — é ilegal e punido com multa pesada, seguida, para os reincidentes, de uma Ordem de Trabalho Correcional. Assim, se for flagrado jogando lixo na rua, o réu primário é multado em até mil dólares (cerca de 330 libras); já um segundo crime implica multa que pode chegar a 2 mil dólares, mais um dia de serviço voluntário comunitário, recolhendo o lixo alheio em um

* O Levante é o conjunto dos países do Mediterrâneo oriental (Turquia, Síria, Egito) e Ásia Menor. O Magrebe, ou Magreb, abrange o Marrocos, o Saara ocidental, a Argélia e a Tunísia (Pequeno Magreb, ou Magreb Central). O Grande Magreb inclui também a Mauritânia e a Líbia. (N. T.)

parque, praça ou praia. Os trangressores da lei são obrigados a usar uma jaqueta vermelha, para que sejam identificados e sintam a vergonha pública, e até a imprensa pode ser chamada para cobrir o evento.

Se você gosta de mascar chicletes, cuidado: a venda, a importação e a posse desse confeito estão banidas no país — não é permitido entrar sequer com uma pequena quantidade para consumo próprio. Já com relação às drogas, a proibição é total. A pena de morte é automática para qualquer pessoa condenada por tráfico ou importação de mais de 15 gramas de heroína, 200 gramas de resina de cannabis *ou 500 gramas de maconha, e a posse é evidência* prima facie *(óbvia, imediata) de tráfico.*

Segredos privados

Quem visitar a Europa continental deve lembrar-se sempre de carregar dinheiro trocado, para não ser pego de calça curta: usar o banheiro quase nunca é de graça. As cabines sanitárias espalhadas à espreita, feito máquinas do tempo, pelas ruas de Paris custam cinqüenta centavos de euro (€ 0,50), e mesmo os toaletes de bares e restaurantes em geral requerem uma ficha dada pelo garçom. Na França, o estado dos banheiros também pode causar certo choque, dada a sofisticação dos franceses em outras áreas. Até mesmo o restaurante parisiense mais generoso e extremamente preocupado com a qualidade da comida, do vinho e do serviço pode ter um sombrio e repugnante *toilette* lá nos fundos (ainda hoje, às vezes apenas um buraco no chão).

Os ocidentais que viajarem para o leste de Istambul devem saber que papel higiênico é artigo raro em alguns países, nos quais a água de balde, de bico ou de esguicho de mangueira e a mão esquerda são consideradas os melhores apetrechos para limpar as partes inferiores. Na Coréia e em muitas partes da China, se você tiver sorte o bastante de conseguir papel, não o jogue na privada e dê descarga, mas sim nos cestos de lixo (a baixa pressão da água e a péssima qualidade do papel significam que o encanamento vai ficar entupido facilmente). Na Rússia, as marcas de pés nas bordas do vaso sanitário podem assustar, mas, num país em que muitos assentos foram roubados, alguns russos preferem acocorar-se sobre a privada.

No *souk*

Algumas culturas estabelecem preços para os produtos à venda em lojas, e seria considerado estranho questioná-los. Na Grã-Bretanha, na Alemanha, em Portugal e no Chile, se o vestido que você quer custa 45 libras, ele custa 45 libras. Você pode fazer uma oferta menor num bazar ou brechó, mas mesmo nesses lugares ganharia uma testa franzida de desaprovação. Porém, em países como Marrocos, México e Mianmar (Birmânia), tudo é indefinido. Não há preços escritos, e a cifra anunciada pelo vendedor ou dono da loja, barraca, banca ou estande pode ser muitas vezes maior que o valor que ele realmente quer receber pela mercadoria.

Num *souk** ou numa banca, para conseguir o resultado que você espera, respire fundo e divida o preço cotado por, pelo menos, dez. Assim, para comprar aquela túnica saudita (*thobe* ou *thoub*) bordada a mão pela qual seu charmoso vendedor berbere está pedindo quatrocentos *dirhams*, ofereça quarenta. A isso se seguirá, imediatamente, um olhar de espanto do vendedor, que dirá algo como "O que você está tentando fazer, me roubar/mandar minha mãezinha logo para a cova?". Na verdade, daí por diante o homem passará a respeitar você como um adversário sério na arte da pechincha; aí vai se iniciar uma troca de propostas e contrapropostas, até os dois chegarem a um acordo final sobre o preço que ele quer, geralmente algo por volta de um terço ou um quarto do preço original, digamos uns 130 *dirhans*, no máximo. Sair andando quando ele parar de abaixar o preço também é uma boa tática; quase que com toda a certeza ele irá atrás de você com um preço melhor. Se não, você sabe que ele foi até o máximo que podia. E você pode sempre voltar mais tarde.

* Um *souk* (também grafado *sook*, *souq*, ou *suq*) é um lugar público (coberto ou ao ar livre) onde negociantes expõem e vendem gêneros alimentícios e artigos de uso rotineiro; é qualquer mercado, rua, bazar, feira, praça ou área comercial de uma cidade árabe. (N. T.)

Tenha em mente, também, que em culturas de pechincha não é boa sorte ser o primeiro nem o último comprador de uma loja ou banca. Quando você passar — com seus *kyats* ainda na carteira — pelos mercados de Mianmar, livres de turistas, os vendedores que ainda não tenham conseguido fazer nenhum negócio no dia vão perseguir você aos gritos de "Dinheiro da sorte, dinheiro da sorte!". Se você comprar alguma coisa, eles vão abençoar as mercadorias remanescentes batendo nelas com as cédulas que você acabou de entregar.

Loja dos horrores

Oferecer seu suado dinheirinho em troca de mercadorias é uma experiência bastante diversificada ao redor do mundo. Na Rússia, os vendedores podem tratar você um pouquinho pior do que freqüentemente fazem em casa — com irritantes interrupções, tagarelices, mexericos sobre a vida e o bate-papo da loja. A capital da França tem a reputação de ser uma cidade habitada por gente mal-educada e antipática, mas você conseguirá ser mais bem atendido se voltar várias vezes ao mesmo lugar e tomar a iniciativa da *politesse*, dizendo, "*Bonjour, m'sieur/madame*", respondendo em francês, despedindo-se com um "*Au revoir*", e assim por diante. Na Austrália, a despeito da — ou talvez por causa da — notória falta de classe, os vendedores e balconistas de lojas parecem bastante confortáveis com o atendimento que oferecem: passeando pela loja, você vai ouvir com freqüência a pergunta "Tudo certo?" (para a qual a resposta é "Sim, tudo bem, estou só olhando", e não "Tudo certo sobre *o quê*, exatamente?"). No Japão, os vendedores são ainda mais assíduos: você será saudado pessoalmente quando entrar e sair da loja — às vezes por um homem sentado numa escadinha de madeira com um megafone na mão. Na Itália, os vendedores receberão você com um simpático "*Bongiorno*", farão algazarra e estardalhaço e vão até se oferecer para embrulhar sua compra com papel e fita.

Velozes e furiosos

O estilo de dirigir varia imensamente de país para país, e se reflete de maneira interessante nas estatísticas de acidentes automobilísticos. Na Suécia, um dos países mais seguros para andar de carro, você deve manter as luzes acesas durante o dia e evitar qualquer tipo de bebida alcoólica antes de pegar a estrada. Na Alemanha, tenha muito cuidado com o que você bebe — o nível de álcool permitido, cinqüenta miligramas por milímetro de sangue, pode ser atingido com uma única cerveja, e as penalidades são aplicadas com rigor. Na Itália, a taxa de álcool permitida é igualmente baixa; contudo, embora a probabilidade de você ser pego seja bem menor, é preciso manter-se em alerta; na *autostrada* os motoristas italianos parecem não se importar com a morte: é normal andar colado no carro da frente em alta velocidade, bem como ultrapassar pela direita. Na América do Sul, dirigir é ainda mais perigoso. A luz vermelha do semáforo é tratada mais com uma sugestão do que uma indicação a ser obedecida; à noite, muitos carros andam com os faróis apagados — para não ofuscar os outros motoristas. De fato, se você ligar os faróis altos, um motorista mais irritado pode tentar tirar você da pista.

A mensagem é simples. Se você quiser evitar os velozes e furiosos quando estiver no exterior, é melhor pegar um táxi.

Acidentes nas estradas: número de feridos por ano, a cada cem mil habitantes:

1. Catar	9681
2. Kuwait	2155
3. Ruanda	1764
4. Costa Rica	1438
5. Arábia Saudita	1353
6. Panamá	1262
7. Jordânia	1023
8. Barbados	763
9. Japão	749
10. Estados Unidos	704

Mulheres ao volante

Na Arábia Saudita as mulheres ainda são proibidas de dirigir. Recentemente, em 2005, uma declaração alertando para os perigos de autorizar as mulheres a assumirem o volante foi publicada na internet, com a assinatura de mais de cem xeiques, imãs, juízes, sábios islâmicos e chefes dos centros da Comissão para a Promoção da Virtude e Prevenção do Vício espalhados pelo reino.

Meu chapa

No Japão, nunca abra a porta do táxi. Se o carro não tiver porta automática, o motorista vai descer e abri-la para você. Dentro do veículo, as hierarquias normais continuam a ser observadas. A pessoa mais importante senta-se no meio do banco de trás, os subordinados à esquerda e à direita.

Na Austrália, ao contrário, é tradicional demonstrar sua simpatia acomodando-se no banco da frente, do lado do motorista. Hoje em dia, porém, uma vez que a maior parte dos taxistas das grandes cidades australianas é de asiáticos, esse é um costume que se limita cada vez mais às áreas rurais.

Tucanos e gaios

No Reino Unido, não existe virtualmente nenhum controle sobre o comportamento dos pedestres. Embora o Código Nacional de Trânsito aconselhe as pessoas a atravessar a rua usando a faixa de pedestre ou zebra, não há suporte legal para punir os infratores — sem lei, parece que as pessoas continuariam desrespeitando a zebra o tucano, pelicano, gaio macho ou papagaio-do-mar. Não é assim nos Estados Unidos e em grande parte da Europa ocidental, onde não esperar a luz verde ou o homenzinho verde e atravessar a rua sem olhar os sinais de trânsito pode render multa pesada; no caso de Cingapura, até cadeia.

Roubando almas

Além de qualquer outra coisa, uma câmera é símbolo visível de (relativa) riqueza. Por isso, se você tirar a foto de um marroquino paupérrimo, não se surpreenda se ele pedir dinheiro. Há lugares no mundo em que as pessoas muito pobres têm muita dignidade para se humilhar e mendigar, mas o Marrocos não é um deles. Nem a Índia.

Na Alemanha, considera-se falta de educação fotografar sem permissão desconhecidos em público, mas em outros lugares do Ocidente tirar a foto de alguém é tido como gesto invasivo, a menos que você seja fotógrafo profissional, jornalista ou penetra em alguma festa privada de celebridades. Essa atitude não é posta em prática no mundo todo. Alguns aborígines australianos, por exemplo, acreditam que ao fazer uma imagem deles você está roubando sua alma, idéia também encontrada entre algumas comunidades indígenas das florestas tropicais da Amazônia.

Nas demais partes do mundo, entretanto, a câmera digital pode garantir a você amigos instantâneos. Uma máquina que consegue capturar instantaneamente a imagem de uma pessoa e produzir um retrato é um brinquedo mágico. Só tenha o cuidado de verificar se por trás dos rostos sorridentes que aparecem em primeiro plano não há outros, zangados, tramando para tirar de você a vantagem tecnológica.

Futebol australiano

O interesse por esportes é universal, por isso vale a pena saber alguma coisa sobre áreas específicas, como o Torneio de Wimbledon no tênis, o Tour de France, ou Volta da França, no ciclismo, o Torneio Aberto de Golfe dos Estados Unidos (US Open), ou o Campeonato Mundial Espirra-Sangue de Rinha de Galo em Manila, capital das Filipinas. Mas, na Austrália, a adoração pelos esportes chega perto de ser uma religião nacional. Aquele almoço de negócios da sexta-feira pode acabar descambando para uma boa meia hora de discussão sobre o próximo campeonato de futebol australiano, também chamado de Aussie Rules* — e, quando entra em cena o críquete, é melhor esquecer a menor possibilidade de outro assunto, pelo menos entre os colegas mais fanáticos.

Se você é homem, os australianos vão pressupor que você comunga da paixão deles. E não apenas pelos times e campeonatos australianos, mas pelos seus também. Pode ser que eles estejam mais inteirados sobre os esportes do seu país do que você próprio, e pode ser que suponham que você conheça todos os nomes e histórias dos principais jogadores. Assim como acontece com as religiões, o esporte é atividade sagrada na Austrália, e não pode ser alvo de zombaria. Ninguém faz piada sobre perder o clássico The Ashes**, por exemplo — se você fizer alguma gracinha, pode se colocar numa situação de risco de vida.

Suando

Tomar uma sauna chega perto de ser o passatempo nacional na Finlândia. Numa população de cinco milhões de pessoas, há mais de dois milhões de saunas, muitas ainda no estilo tradicional, a vapor, *savusauna*, que proporcionam a última palavra em experiência de transpiração coletiva. Se você for convidado para ir a uma sauna, mesmo que seja por um contato de negócios que você nem sequer conhece direito, aceite: tomar uma sauna pode ser uma boa maneira de acertar as pontas de uma negociação difícil ou até mesmo celebrar uma transação bem-sucedida. Você se sentará nu, ao lado do seu

* O futebol australiano, também chamado de AFL (Australian Football League), ou Aussie Rules, disputa com o rúgbi a condição de esporte mais popular do país. As regras do jogo, que tem características derivadas do futebol gaélico e do rúgbi (como a bola oval), foram regulamentadas em 1859. (N. T.)

** "*The Ashes*" ("As Cinzas") é o nome dado à disputa de jogos de críquete entre as seleções nacionais da Inglaterra e da Austrália. É a mais tradicional competição do esporte, e remonta a 1882. Os jogos são disputados bianualmente, ora na Austrália, ora na Inglaterra. (N. T.)

colega, mas isso não tem nenhuma conotação sexual — na Finlândia, famílias inteiras tomam sauna juntas e sem roupa.

Antes de entrar na sauna você deve tomar uma ducha. Leve uma toalha e sente-se nela (não precisamos entrar em detalhes para explicar por que é anti-higiênico não fazer isso). Sente-se onde quiser: não existe nenhuma exigência machista de ficar nas bancas mais elevadas e mais quentes da sala — tomar uma sauna tem a ver com relaxamento, e não com competição. Junto com aqueles que se sentam nus em pêlo, alguns finlandeses levam ramos de bétula e delicadamente se flagelam com eles. Não fique desconfiado nem olhe ninguém de soslaio. Não se trata de nenhum tipo de atividade masoquista, mas uma maneira sensível de abrir os poros. Nas saunas mais antigas e tradicionalistas, você pode ficar surpreso quando uma funcionária (a lavadora) se oferecer para esfregar seu corpo. Aceite gentilmente esse velho costume finlandês, por mais doloroso que seja quando ela começar a cravar os dedos cartilaginosos em seus ombros. No inverno, talvez você seja convidado para rolar na neve ou pular num buraco num lago congelado. Obviamente seria uma grosseria recusar-se a participar desses revigorantes e tradicionais prazeres nacionais.

No templo

Obviamente, você deve sempre ser respeitoso em prédios sagrados. Isso significa tirar os sapatos nas mesquitas e tempos hinduístas e budistas; já as mulheres ocidentais devem cobrir as carnes à mostra — não apenas nos templos orientais, mas também nas igrejas cristãs. Quase todos os lugares sagrados cristãos mais visitados hoje em dia possuem xales e mantos para as mulheres com os braços nus, ou trajando tops e shorts. Mas, numa mesquita, espera-se que antes de entrar a mulher esteja usando, no mínimo, véu, uma blusa de mangas compridas e calça longa e folgada. Antes de pisar um santuário xintoísta no Japão você deve lavar as mãos e a boca. E lembre-se: faz parte da tradição do ritual budista andar em locais sagrados somente no sentido horário, tanto por dentro como por fora, ao contornar o templo.

Poucas religiões desaprovam a idéia de que forasteiros observem o serviço religioso, desde que seja em silêncio e com reverência. Obviamente, é desrespeitoso e desaconselhável zanzar pelo templo ou igreja de shorts durante o culto, filmar e fotografar os fiéis enquanto se realiza a cerimônia. No que diz respeito à participação, a postura varia: os que visitam os templos budistas Mahayana são ativamente incentivados a tomar parte dos rituais, especialmente o de comprar uma varetinha de incenso e segurar na altura do rosto para fazer um pedido ou oração antes de entrar no templo propriamente dito; já os cristãos que se viram uns aos outros durante a Eucaristia e cumprimentam-se dizendo "A paz esteja convosco" ficariam felizes se um forasteiro se juntasse a eles. Mas os muçulmanos não esperam ver pessoas que estão apenas visitando a mesquita se prostrando no tapete em direção a Meca, assim como os cristãos não esperam que forasteiros participem da comunhão (os católicos romanos são particularmente rígidos a esse respeito. Com exceção de alguns poucos serviços ecumênicos, não permitem sequer que protestantes participem de seu sacramento do pão e do vinho).

Oferendas em dinheiro sempre vão bem nos lugares religiosos: na sinagoga ou na igreja, uma cédula no prato ou cesto da coleta, ou *tzedakah* (caridade), ou, no templo, algumas moedas para o velhinho cujo trabalho é cuidar dos budas vão ser retribuídas com um sorriso.

Eras incomuns

Os etíopes seguem o calendário copta, que tem doze meses de trinta dias, e um 13º mês, mais curto, de cinco ou seis dias; isso resulta numa diferença de sete anos entre os calendários copta e gregoriano (ocidental). Os negócios geralmente seguem o calendário gregoriano. O ano começa em 11 de setembro, com o mês de Tout, o que oferece um prato cheio para os adeptos de teorias da conspiração.

Em Israel, as iniciais E.C. *(d.e.c.) grafadas depois do ano signi-*

ficam Era Comum (ou depois da era comum), o equivalente ao gregoriano AD *(Anno Domini — "no ano do nosso Senhor") ou à forma d.C. (depois de Cristo). O calendário judaico é diferente e possui seus próprios meses e é calculado pelo acréscimo de 3760 anos ao ano (gregoriano) civil — o número foi obtido pela soma das idades de pessoas mencionadas no Antigo Testamento no tempo da Criação. Assim, 2008* E.C. *ou d.e.c. será 5768 na contagem hebraica.*

O calendário islâmico é mais recente. A contagem do tempo desse calendário começa com a Hégira, a fuga de Maomé de Meca para Medina, em 16 de julho de 622 AD*. As datas da Hégira são marcadas com* AH *(Anno Hegirae): subtraia 622 anos e acrescente* AH *(2008* E.C. *é 1386* AH*). O ano islâmico é dividido em doze meses lunares de 29 ou trinta dias (a média é de 29 dias e meio), com um total de 354 dias, ou seja, onze dias mais curto que o ano ocidental, por isso as festividades e feriados começam todo ano mais cedo: o Ramadã, que começou em 16 de março em 1991, em 2008 vai ter início em 2 de setembro.*

O Dia do Senhor

O sábado judeu (o Sabá, *Shabat* ou *Shabbat*, "descanso") é o nome dado ao dia de descanso semanal no judaísmo, e é observado a partir do pôr-do-sol da sexta-feira até o pôr-do-sol do sábado. Durante o *Shabbat* os ônibus e trens não circulam, muito menos a El Al, a companhia área nacional (embora o aeroporto Ben-Gurion, de Tel-Aviv, funcione). As ruas e estradas do país ficam vazias, talvez mais em Jerusalém do que na mais secular Tel-Aviv. Os judeus ortodoxos não cozinham, nem escrevem, nem costuram, não cuidam do jardim e sequer atendem o telefone; mesmo para os menos devotos, você deve perguntar antes se não há problema em telefonar. Duas velas especiais são acesas e mesmo elas devem permanecer "descansando" — você não deve usá-las para acender outras velas, porque isso seria fazê-las trabalhar.

Estruturas igualmente rigorosas quanto ao cumprimento dos preceitos do dia sagrado são observadas nas remotas ilhas escocesas de Hebrides, no norte, berço e lar de várias seitas da Igreja Livre da Escócia (conhecidas localmente como as "Wee Frees"). Sobre uma coisa, porém, todas elas concordam: fazer absolutamente qualquer coisa no Dia do Senhor é errado. Os *pubs*, lojas e estacionamentos ficam fechados. Não há transporte público. Até mesmo os balanços do playground das crianças são fechados a cadeado.

9

Jeitinho e *nyekulturny*

Costumes e atitudes

Algumas atitudes vão além do tipo de coisa que pode ser explicada ou proibida por um aviso na parede. Você observa, sem ação, todo mundo furando a fila e passando na sua frente para pegar as melhores guloseimas no bufê; você dá algumas rupias a um mendigo e de repente se vê cercado por uma horda exigindo o mesmo tratamento; você olha pela janela do táxi e descobre que o taxista estava sendo tremendamente parcimonioso com a verdade quando disse que sabia onde ficava o hotel — em todas essas situações, você está perdoado se acumular sentimentos de confusão, para não dizer ressentimento. Mas não há nenhum culpado a não ser você mesmo. Todas essas situações são resultado de diferenças culturais perfeitamente compreensíveis. Já que você é o visitante, cabe a você o papel de compreender...

Aguarde a sua vez

Geralmente as filas são respeitadas religiosamente no Reino Unido, na Nova Zelândia, na Suécia e em outros países nórdicos, onde "furar a fila", por qualquer motivo, é completamente inaceitável, com uma dimensão moral que beira a proibição. Por mais discreto que você seja na hora de tentar roubar a vez dos outros, será notado pelas pessoas mais do fim da fila, que vão começar a resmungar ameaçadoramente. Se persistir e se recusar a aguardar sua vez, podem berrar com você e até chegar à agressão física.

Um sistema mais informal existe em países como a Espanha e Israel. As pessoas não formam filas, mas sabem exatamente quem é o próximo, de maneira bastante parecida com o que os britânicos fazem num bar ou *pub*. Assim, quando você chegar a uma banca ou barraca num mercado espanhol, pergunte quem é a ultima pessoa esperando, depois fique de olho até ela ser atendida. Em Cuba, gritam "*El último?*".

Porém, em lugares tão diferentes como Itália, Oriente Médio e Coréia do Sul, as filas simplesmente não existem. Num bufê na Itália, por exemplo, ninguém consegue esperar numa fila lenta. As pessoas se amontoam e saem pegando o que quiserem, o que resulta, eles acreditam, na vantagem de que todo mundo se serve mais rapidamente. Essa impaciência de esperar a vez talvez seja mais surpreendente na Alemanha, onde o comportamento público é extremamente ordeiro — os homens abrem a porta para as mulheres, os mais jovens andam mais perto do meio-fio que os mais velhos, e os avisos de *Geschlossen* ("fechado"), *Kein Zutritt* ("É proibida a entrada"), *Ruhe* ("Silêncio") e *Nicht Rauchen* ("Não fume") são tratados com respeito.

Alguns mais iguais

Na Rússia comunista, as massas tinham que esperar na fila para tudo — e o povão detestava. Especialmente porque os oficiais do Partido e qualquer pessoa importante furavam a fila, conduzidos por um puxa-saco chamado *apparatchik*, ou simplesmente marchavam adiante e ocupavam o primeiro lugar, sabendo que ninguém ousaria impedi-los. Hoje, em épocas mais democráticas, as coisas são um pouco mais justas. Alguns russos presunçosos vão tentar furar a fila, mas é provável que sejam afrontados e, de vez em quando, colocados de volta em seu devido lugar, envergonhados. O mais comum, porém, é que os convencidos forcem a barra, fazendo beicinho, fingindo que são surdos. Como visitante, obviamente você deve ficar na fila — a menos que esteja acompanhado de um oligarca bastante poderoso ladeado por dois guarda-costas.

Com a cara no chão

Proteger a dignidade — a própria e a alheia — é fundamental em todo o Oriente Médio e Extremo Oriente. Ficar irritado e perder a cabeça numa reunião ou em público, por exemplo, é uma humilhação vergonhosa: se você fizer isso na Ásia, ficará com a cara no chão e as pessoas vão achar que você não é digno de confiança nem de respeito — ou seja, vão achar que você não tem "vergonha na cara". Insultar as pessoas, ser agressivo e briguento, chamar a atenção para os erros de alguém ou criar qualquer tipo de confusão e constrangimento resulta em desprestígio — para você e seu interlocutor. Em suma: no Oriente, nunca faça nada que deixe alguém com "cara de tacho".

Num nível trivial, isso pode levar a algumas situações extremamente cômicas. Na Coréia do Sul, se você for a um bar com um grupo de sócios ou colegas de trabalho e pedir uma determinada marca de cerveja, talvez perceba que todos vão pedir a mesma que você; assim, não há nenhum perigo de você ficar com a cara no chão por causa da escolha que fez. O truque aqui é deixar todo mundo tomar uma rodada com a mesma opção antes de, delicadamente, sugerir que cada um deva escolher a própria marca.

Vou pensar no assunto

Muitas vezes, por causa da preocupação de "livrar a própria cara", muitas culturas orientais acham difícil dizer "não". No Japão, por exemplo, nas piores situações, as pessoas fazem boa cara e expressam amabilidade, tudo em nome da dignidade. Se para não ofender alguém é preciso não dizer "não", que assim seja — independentemente da confusão que isso possa causar. Infelizmente, são verdadeiros os muitos relatos de motoristas de táxi japoneses que garantem aos passageiros estrangeiros que sabem para onde estão indo, quando de fato não têm a menor idéia.

"Acho difícil", "Vou pensar no assunto", "Vou pensar seriamente", "Vou pensar com cuidado", "Vou levar isso em consideração" — no Japão, todas essas expressões significam "Não", assim como a sempre silenciosa chupadinha de ar entre os dentes. E é mais provável que a palavra japonesa "*hai*" ("sim") queira dizer "Estou ouvindo, pode continuar falando" do que "Concordo com tudo que você está dizendo".

O mesmo vale para a Tailândia. As pessoas podem arrumar as desculpas mais improváveis, fingir que não entendem inglês ou até mesmo inventar que precisam "falar com seus superiores", tudo para evitar dizer "não". Na Indonésia as coisas são ainda piores: a língua bahasa tem nada mais, nada menos do que doze maneiras de dizer "sim", mas significando "não".

"O asiático"

Nos negócios e assuntos oficiais, se por um lado é desejável deixar bem clara sua posição acerca de toda e qualquer questão importante, por outro é difícil e, em conjunto, pouco proveitoso tentar forçar o asiático a expressar de maneira resoluta e definitiva as próprias opiniões. Falando de modo geral, ele tem aversão à perspectiva de ter que tomar uma decisão e tende a dar ou repetir as respostas que, ele acha, seu interlocutor espera, em vez daquelas que correspondem à verdade. A verdade, argumenta ele, é, afinal, relativa. — Guia sobre Usos,

Costumes, Cerimonial e outros Assuntos Estrangeiros para o Membro do Serviço Estrangeiro de Sua Majestade em sua Primeira Nomeação para um Posto no Exterior, por Marcus Cheke, Vice-Mestre de Cerimônias do Corpo Diplomático de Sua Majestade (1949).

Sim e não

Não é só no Oriente que as pessoas têm problemas de recusar. "*Nja*" é uma palavra sueca que combina "*Ja*" ("Sim") e "*Nej*" ("Não"), mas de fato significa "Não". Essa negativa gentil tem menos a ver com dignidade e humilhação e mais com a necessidade de consenso, numa sociedade famosa pela cooperação.

"Não, não, você primeiro"

No Irã, o *taarof* é a demonstração de extrema educação e gentileza que acompanha quase todas as relações e a conduta com outras pessoas no dia-a-dia. Num grupo de homens que se aproxima de uma porta, por exemplo, o *taarof* vai se manifestar na acirrada competição entre eles, insistindo para que o mais velho passe primeiro. Após uma reunião de negócios, o *taarof* pode significar que seu colega insista para que você não volte para o hotel, mas vá jantar com ele em casa. Numa loja, o *taarof* pode até ser o apelo do vendedor para que você leve, sem pagar, um item pelo qual tenha demonstrado interesse.

Sem dúvida, aproveite de todas as maneiras possíveis o respeito demonstrado pelas pessoas, mas não leve a sério demais nem muito ao pé da letra. "Venha jantar na minha casa" é o equivalente iraniano de "Vamos almoçar qualquer hora, sim" — possivelmente a frase só significa um convite de fato se seu interlocutor continuar insistindo após várias recusas. Quanto às compras, há relatos de que em Teerã muitos vendedores e balconistas insistiram em dar de graça coisas a clientes estrangeiros só para vê-los sendo presos por furto assim que punham os pés na rua.

Nyekulturny

Nyekulturny é uma palavra russa que significa que alguma coisa ainda está "inculta", "não cultivada", "incivilizada", "não refinada", "bruta". O exemplo clássico de comportamento *nyekulturny* é usar o capote ou o sobretudo dentro de um prédio público — um restaurante, teatro ou sala de concertos e espetáculos, digamos. Tradicionalmente, você deve guardar seu casaco e suas botas no *garderob* (chapeleira). Uma vez que concertos, peças e shows no teatro ainda são "eventos", as pessoas se vestem com elegância.

Na Rússia, as pessoas mais velhas também consideram *nyekulturny* ficar com as mãos nos bolso, esparramar-se na cadeira, levantar a voz, rir alto ou assoviar durante os aplausos. Outrora, demonstrações públicas de afeto, almoçar no gramado do parque ao estilo de piquenique e dizer a alguém que você precisa ir ao banheiro eram gestos igualmente vistos com desagrado e reprovação. Mas os tempos estão mudando, e hoje em dia, embora o conceito de *nyekulturny* ainda exista, a nova geração de russos provavelmente não leva tão a sério esse requinte exagerado e afetado do estilo soviético.

Um pequeno desvio

Na Alemanha, as regras são feitas para ser respeitadas. Prestar atenção aos sinais de trânsito, obedecer ao semáforo, não usar máquinas de jardinagem aos domingos — existe uma razão para essas restrições; em geral elas foram obtidas pelo consenso nas sociedades democráticas das quais todos fazem parte e devem ser seguidas por todos. Em outros lugares do mundo, entretanto, muitas pessoas se empenham para contornar as regras estabelecidas pela lei ou pela sociedade. No Brasil existe uma palavra para isso: "*jeitinho*", que significa: "achar um pequeno desvio ou brecha na lei" ou "maneira hábil, esperta, astuciosa de conseguir algo". Os cariocas estão sempre tentando dar um *jeitinho*, e, quando conseguem, ficam felizes e se cumprimentam pelo feito. Num sentido mais amplo, o *jeitinho* significa que sempre há uma alternativa em relação ao caminho oficial.

Uma mão lava a outra, uma propina aqui, uma gorjeta ali, e entre favores e concessões as tediosas exigências da burocracia e da lei podem ser contornadas e desviadas.

Pragmáticos

No Brasil, os exemplos de desrespeito à lei às vezes vêm dos mais altos escalões da sociedade. Atribui-se ao presidente Getúlio Vargas, que governou o país de 1930 a 1945 e de 1951 a 1954, a seguinte frase: "Para os meus amigos, tudo. Para os meus inimigos, a lei". Outro político famoso do período, Adhemar de Barros, ficou conhecido pelo cínico slogan "Rouba, mas faz".

De qualquer maneira

Na França, há um conceito não muito diferente do "jeitinho", que atende pelo nome de "*Le Système D*" — a inicial representa o substantivo "*débrouillardise*", definido como "*l'art de se tirer d'affaire par tous les moyens*" (a arte de conseguir o que se quer de qualquer maneira, por todos os meios). Contornar a burocracia, tirar vantagem, desrespeitar as regras, pagar aos empregados salários abaixo do mercado, pequenos subornos, favores — tudo isso é aspecto do "*Le Système D*". Se você estiver disputando com algum francês um emprego ou a compra de um ingresso difícil de obter, é bom levar em conta essa atitude.

Bakshish, baba!

Do norte da África, passando pelo mundo árabe até o Paquistão e a Índia, o *bakshish* é um estilo de vida (a palavra vem do termo persa para "presente", "donativo", "dádiva"). Existem essencialmente três tipos. O mais nobre é dar esmola aos pobres, ato que torna mais santificado aquele dá (no Paquistão, os mendigos gritam "*Bakshish, baba!*"). O segundo *bakshish* é um tipo de gorjeta, em sinal de agradecimento por serviços prestados a você (mesmo que você nem os quisesse). O menino no aeroporto que agarra sua mala e ajuda você a passar pela alfândega, por exemplo, vai esperar *bakshish*, assim como o cara que abre a porta e aquele outro que fica postado no banheiro com um sorriso simpático. O terceiro tipo de *bakshish* é o que os forasteiros acham mais difícil de entender e fazer: o *bakshish* adiantado para serviços a serem prestados, o que para muitos é a mesma coisa que suborno.

Esse tipo de *bakshish* adiantado, embora seja adequado para porteiros, atendentes, motoristas e assim por diante, jamais deve ser oferecido a um profissional, colega de trabalho ou parceiro comercial, o que os deixaria profundamente ofendidos. No mundo dos negócios, *bakshish* só deve ser dado depois que o acirrado acordo já tiver sido fechado, em sinal de agradecimento e para criar um bom relacionamento visando futuras parcerias. Não se trata, categoricamente, de suborno. Oferecer propina é perigoso e pode dar cadeia. Tenha em mente que *bakshish* não precisa ser muito dinheiro: pode ser uma simples gorjeta ou um favor.

PETiqueta

Lamentavelmente, as atitudes dos homens com relação aos animais de estimação não são sempre tão carinhosas quanto o são no Reino Unido, que é apaixonado pelos bichinhos. Os cães, em particular, estão em maus lençóis no Oriente. Nos países árabes, são considerados impuros, e o profeta Maomé (PECE) disse que os anjos não visitam nenhuma casa que tenha um cachorro. Um outro *hadith** proclama que, para cada dia da vida em que uma pessoa tem um cachorro, as boas ações que ela pratica sofrem um decréscimo. Para acrescentar ainda mais injúria ao insulto, há cinco animais que o islã permite sacrificar num santuário: ratos, escorpiões, milhafres, corvos — e cães. Na Coréia, a espécie está em situação ainda pior. Embora alguns coreanos tenham cachorro como animal de estimação, lá os cães também são

* Um *hadith* ("conversação", ou "narração") é uma coletânea de relatos, notícias proféticas, palavras e atos de Maomé que complementa o Alcorão. (N. T.)

criados em pátios de fazendas, onde são mantidos em jaulas apertadas antes de serem mandados para o abate e usados no ensopado.

Ainda que historicamente os gatos tenham sido protegidos e venerados na Ásia, bem como criados como animais de estimação, há partes da China nas quais são consumidos como alimento, particularmente num prato chamado "dragão, tigre e fênix" (ensopado de cobra, gato e frango). Na Coréia os gatos não são apenas comidos, mas também cozidos vivos, juntamente com ervas, para fazer "*goyangi soju*" ("tônico de gato"), um remédio para artrite.

Mais velhos e superiores

Na maioria das sociedades fora da Europa, os mais velhos são estimados em alta conta e tratados com grande respeito. Nos países árabes, é costume conduzir os mais velhos até o primeiro lugar da fila ou se oferecer para ficar de pé em seu lugar. Na China, ao entrar na casa de alguém o visitante cumprimenta primeiro os mais velhos; à mesa, também, a pessoa mais velha tem a prerrogativa de escolher e de servir-se primeiro, e o melhor pedaço de pato ou frango será posto em sua tigela. Por todo o Oriente, todos ficam de pé quando um idoso entra ou sai de uma reunião social.

Na Índia, seria considerado grosseiro chamar pelo primeiro nome alguém mais velho; deve-se usar "Tio" ou "Tia". Nas Filipinas, do mesmo modo, qualquer pessoa mais velha deve ser chamada com as expressões *Manang* ou *Ate*, se for mulher, ou *Manong* ou *Kuya*, se for homem, seguidas do nome (por exemplo, *Manang Mila*). Nas regiões rurais da África os anciãos são as pessoas mais veneradas do vilarejo, e formam o corpo de conselheiros do Chefe.

No Japão, os mais velhos não são apenas respeitados no cotidiano como há também um feriado nacional para homenagear os idosos e celebrar a vida longa, *Keiro no Hi*, a terceira segunda-feira de setembro. É só no sofisticado Ocidente que os velhos são marginalizados e geralmente colocados em asilos e casas de repouso — embora a Europa seja pioneira e esteja na vanguarda da legislação contra o preconceito de idade e contra a discriminação de pessoas idosas.

Iguais a você*

Os viajantes de países ocidentais mais progressistas devem se lembrar de que em outros lugares as atitudes com relação aos gays do sexo masculino e feminino estão muito longe de ser tão liberais quanto em sua terra natal. O homossexualismo, de homens e mulheres, ainda é ilegal na vasta maioria dos países do mundo. Em Botsuana, a pena máxima prevista é de sete anos de cadeia; no Sri Lanka a sentença chega a dez anos, enquanto em Cingapura, no Paquistão e em Uganda, entre outros lugares, os homossexuais podem ser condenados à prisão perpétua. Na Arábia Saudita e no Irã ainda vigora a pena de morte para o crime de sodomia, assim como em outros países em que se aplica a *sharia*.

Em espantoso contraste, muitos países europeus já legalizaram não apenas o homossexualismo, mas também a união civil entre pessoas do mesmo sexo. A Dinamarca saiu na frente, em 1989, com as "parcerias registradas"; Noruega, Suécia e Islândia seguiram o exemplo em 1993, 1995 e 1996, respectivamente; a Finlândia, em 2002, e o Reino Unido, em 2005. Em 2001, os Países Baixos foram pioneiros em permitir os direitos plenos do casamento entre pessoas do mesmo sexo. A Bélgica, em 2003, e a Espanha, em 2005, vieram a seguir. Na Espanha, casais gays legalmente casados podem adotar crianças.

Nos Estados Unidos, a questão divide opiniões. Vermont foi o primeiro Estado a autorizar as uniões civis, em 2000, exemplo seguido por Connecticut, em 2005. Em 2004, Massachussetts tornou-se o primeiro Estado a emitir autorizações para casamentos gays; já na Califórnia, uma lei para legalizar a união gay foi vetada, em 2005, pelo governador Arnold Schwarzenegger, em outros tempos um muso e símbolo sexual dos gays.

---

* No original, o autor usa a expressão "*Good as You*", que literamente é "Iguais a você" ou "Tão bons quanto você", mas que também pode ser abreviada pelo acrônimo gay, por isso foi apropriada pelo ativismo em defesa dos direitos dos homossexuais. (N. T.)

O carma dos mendigos

Na Índia, a ubíqua e inexorável pobreza pode ser chocante para os estrangeiros. E pode ser difícil resistir aos apelos dos mendigos — especialmente crianças pequenas, gente sem braço ou perna e aleijados de todo tipo. Contudo, tenha em mente que, se você oferecer dinheiro a um, vai atrair rapidamente uma multidão ao seu redor, todos exigindo agressivamente um tratamento semelhante. Os ocidentais podem achar difícil entender ou aceitar, mas para os hinduístas o carma determina sua posição na sociedade; na próxima vida, desde que você se comporte bem, pode ser que suba na escala social e deixe de ser mendigo. De maneira ainda mais controversa, seu baixo status nesta vida pode estar relacionado a más ações praticadas em outra vida.

Nas Filipinas, ao contrário, considera-se que todos são merecedores do mais profundo respeito. Na verdade, quanto mais nobre e ilustre você for, mais se espera que seja relaxado e benevolente. Se você se recusar a atender ao pedido de um mendigo, deve fazê-lo com a expressão "*Patawarin po*" ("Perdoe-me, senhor"). Ignorar ou empurrar grosseiramente um pedinte faz com que o praticante de tal ato corra o risco de passar por humilhação.

Nos países muçulmanos, dar aos pobres e necessitados é um dos cinco "pilares" da fé, e é particularmente importante durante o Ramadã. No Cairo, descendo uma rua no fim da tarde, você verá pratos e tapetes na calçada, na frente das lojas, firmas e oficinas. No *iftar*, quando cai a noite e o jejum do dia acaba, uma refeição grátis está à disposição de quem quiser; quanto mais indigente, melhor.

Cinco pilares

Todo muçulmano deve cumprir cinco obrigações religiosas básicas, conhecidas como os cinco pilares da fé islâmica. São eles:

1. *Chahada: a profissão da fé. O muçulmano deve declarar que não há outra divindade além de Deus (Alá) e que Maomé é seu Mensageiro e Profeta.*

2 *Salat: o nome das orações obrigatórias, praticadas cinco vezes ao dia.*
3 *Zakat: dar esmolas aos pobres (caridade).*
4. *Sawm: durante o mês do Ramadã, todos os muçulmanos devem jejuar desde a alvorada até o pôr-do-sol.*
5. *Hajj: a peregrinação anual a Meca é uma obrigação somente para aqueles que são física e financeiramente capazes de empreendê-la; lá os peregrinos participam de rituais especiais; a Hajj anual começa no décimo segundo mês do calendário lunar islâmico (Dhu al-Hijjah).*

666

Os números do azar são levados a sério no Japão: a pronúncia do 4 é *shi*, que é a mesma pronúncia para a palavra "morte". O 9 é pronunciado *ku*, mesma pronúncia da palavra "dor", "agonia" ou "tortura". Por isso, muitos hotéis não têm os quartos 4, 9, 13, e nenhum avião da empresa aérea Nippon Airways tem poltronas com esses números. Os números da sorte no Japão são o 3, o 7 e especialmente o 8, por causa da forma do *kanji* (ideograma): os dois traços são mais largos embaixo, sugerindo que no futuro virão coisas melhores.

Superstições semelhantes predominam na China, onde a palavra em mandarim para o número 4 (*si*) também tem o som parecido com a palavra "morte". Uma noiva chinesa desmarcará o casamento se a data tiver algum número 4, e você não deve dar a ela (nem a ninguém) quatro presentes. Os números da sorte chineses são o 8 (*ba*), porque soa como *fa*, que significa prosperidade e abundância, e o 6, porque rima com a palavra equivalente a "suave".

Vento e água

Na Tailândia e no sul da China, tome cuidado com o que você toca ou muda de lugar numa sala ou quarto. Muitos objetos estão onde estão de acordo com os preceitos do *feng shui* ("*feng*" é a palavra chinesa para "vento"; "*shui*" significa "água"). O cuidadoso posicionamento de espelhos (que refletem os maus espíritos) e de tigelas de água (que atraem bons espíritos) busca preservar a harmonia da casa ou local de trabalho.

Há outras regras: o pé da cama nunca deve ficar de frente para a porta do quarto de dormir, e idealmente a própria cama deve ficar voltada para o sul. A porta da frente da casa deve ser voltada para o leste, na direção do nascer do sol, mas não pode ficar alinhada com a porta dos fundos; caso contrário, a sorte e o dinheiro saem da casa assim que entram. Uma casa situada na extremidade de um *cul-de-sac* (final de rua sem saída) dá azar; espíritos malignos podem marchar direto para a porta da frente.

Hoje em dia o *feng shui* virou moda no Ocidente e se espalhou pela Europa e pelos Estados Unidos, onde funciona quase que como um ramo da decoração de interiores; mas tenha em mente que no Oriente a presença de espíritos é levada a sério.

Cantando de noite

Na maioria das culturas, quebrar um espelho, derramar sal e ver gato preto dão azar. Na Rússia, também é de mau agouro trocar apertos de mãos no vão da porta, acender o cigarro na chama de uma vela, assoviar dentro de casa ou voltar para buscar algo que você tenha esquecido; o supersticioso também jamais se olha no espelho quando está sentado na privada do banheiro.

Em muitas culturas, há a crença de que jogar uma moeda numa fonte garante um desejo, mas pegar moedas da fonte dá azar. Na Argentina, porém, achar dinheiro na rua significa que em breve você vai conseguir mais dinheiro. No Brasil, acredita-se que é possível ficar rico colocando primeiro o açúcar na xícara, e depois o café, enquanto na Turquia, se sua mão direita coçar, é sinal de que você vai receber dinheiro de alguém inesperado. No Japão, se você andar com um pedaço de pele de cobra na carteira, vai enriquecer. Mas, se matar uma cobra, vai perder dinheiro.

Em todo lugar, são comuns as superstições sobre arranjar namorado ou namorada. No México e em grande parte da América Latina, as pessoas acreditam que se varrer acidentalmente o sapato de uma mulher solteira ela nunca mais vai se casar. "Três vezes dama de honra, nunca noiva" é um ditado comum na Europa; em Taiwan, ser dama de honra apenas duas vezes significa azar, ao passo que na Tailândia dizem que se você cantar na cozinha, terá uma esposa muito velha.

Outrora, crenças como essas podem ter tido um propósito prático. Na Coréia, dizem que se você cantar de noite, cobras vão aparecer na sua frente (quem dera se com essa crendice pudéssemos assustar nossos vizinhos com idéias semelhantes sobre o volume da música amplificada). Na República do Quirguistão, dizem que se uma mulher solteira se sentar numa esquina, nunca vai se casar — bom, não é exatamente a melhor maneira de conhecer o homem dos sonhos.

10

Graças a Deus que é quarta-feira

A viagem de negócios

Situações que seriam meramente embaraçosas num contexto social podem tomar uma dimensão inteiramente nova se você estiver viajando a negócios. Nos saguões da classe executiva, contam-se muitas histórias de negócios fechados ou cancelados graças às exigências aparentemente triviais da etiqueta local. E, apesar do fato de que obviamente você, como visitante, vai ganhar um desconto, já que não se poderia esperar que um forasteiro entendesse todas as regras, essa tolerância é bem menor no mundo dos negócios, especialmente se é você que está tentando vender alguma coisa...

1º de abril

Ao planejar sua agenda de reuniões, lembre-se de que as datas são escritas e entendidas de três maneiras ao redor do mundo. Nos Estados Unidos, o dia 1º de abril de 2008 é 4/1/2008 — é assim também na Micronésia e nas Filipinas. No Reino Unido, na Rússia, no Brasil e na Argentina, entretanto, o dia vem antes do mês, que vem antes do ano (o que para muitos pode parecer mais lógico) —1/4/2008. Na China, em grande parte da Europa oriental e em Quebec adota-se o "padrão internacional", que inverte a coisa completamente, portanto é 2008/4/1.

Para evitar o vexame de comparecer a uma reunião no mês — ou até no ano — errado, é melhor escrever a data por extenso: 1° de abril de 2008; a menos, é claro, que você queira fazer papel de bobo, como numa travessura do dia da mentira.

Graças a Deus que é quarta-feira

A boa notícia é que a estrutura da semana de trabalho (os dias úteis) é universal, a má é que o "dia sagrado" cai em dias diferentes da semana. Na maioria do mundo, o dia consagrado ao descanso é o domingo, a maior parte das pessoas não trabalha aos sábados e a semana de trabalho se estende de segunda a sexta. Mas em Israel o dia sagrado é o sábado, muitas pessoas não trabalham às sextas, e a semana de trabalho vai de domingo a quinta. Nos países árabes, o dia sagrado é a sexta, a maioria das pessoas não trabalha às quintas, e a semana vai — geralmente — de sábado a quarta-feira. Por isso, quando um árabe diz, "Graças a Deus que é sexta-feira", ele está falando em sentido literal.

Das sete às quatro

O horário do expediente não é necessariamente o mesmo no mundo inteiro; no Reino Unido, o padrão do dia de trabalho é das nove da manhã às cinco da tarde. Em países escandinavos, o expediente começa mais cedo, por volta das oito da manhã, há uma pausa para o almoço às 11h15, e geralmente termina às quatro da tarde. Na Polônia e em outros países do Leste Europeu, o batente começa logo após o café-da-manhã, entre sete e oito; depois o trabalho vai direto, sem interrupções, até o *obiad* (jantar), entre duas e quatro da tarde. Na Espanha e em Portugal as pessoas começam às sete ou oito da manhã, almoçam ao meio-dia e fazem a *siesta* (sesta) até as quatro, antes de retomar o trabalho, até as oito. Esse padrão é repetido na América Latina e nas Filipinas, bem como em muitos outros países onde o calor é desconfortável no início da tarde, da Grécia, passando pelo Oriente Médio e norte da África, até a Índia, China e Taiwan. Entretanto, nas cidades maiores de muitos desses lugares, o uso do ar-condicionado e a constatação de que para muitas pessoas era impraticável pegar condução e ir para casa tirar um cochilo após o almoço levaram muitas empresas a abolir a *siesta*.

Sono do arroz

A palavra espanhola siesta *vem do latim* "Hora Siexta" *("A sexta hora"). Em Bengala e Bangladesh, o repouso da tarde é chamado de* "bhat-ghum" *("sono do arroz"), porque tradicionalmente as pessoas comiam arroz no almoço, ao mesmo tempo em que eram massageadas com um óleo de mostarda que induzia a sonolência. Na China, a soneca pós-almoço pode durar até três horas e é chamada de* "xiuxi" *("descanso").*

Pausa para as orações

Os muçulmanos devotos oram cinco vezes ao dia, por isso você terá de ser flexível com seus horários para se adequar ao costume. Em geral, as orações acontecem ao amanhecer, ao meio-dia, no meio da tarde, ao pôr-do-sol e antes de dormir. As orações do meio-dia e do início da noite são as que merecem atenção num contexto de trabalho e negócios. Levam de dez a quinze minutos, e na maior parte das lojas e firmas do mundo árabe há salas especiais separadas. Se você interromper as orações de alguém, não é preciso se desculpar; apenas se afaste em silêncio e aguarde no canto até que a pessoa termine.

Les grand déparst

Antes de marcar viagem, não se esqueça de verificar os feriados locais. Nos países árabes, não há muito que fazer durante os principais festivais religiosos, Eid al-Fitr e Eid al-Adha (datas variáveis; ver capítulo 15), enquanto nos países "cristãos" quase tudo fecha entre 23 de dezembro e o início de janeiro (a primeira segunda-feira depois do Ano-Novo geralmente é o dia da "da volta ao trabalho"). Na Austrália, na Nova Zelândia, na África do Sul e na América do Sul, o clima quente do verão estende o recesso, e é improvável que você consiga fechar algum negócio importante antes do início de fevereiro. Na Europa, o mesmo se aplica para o período entre o final de julho e o início de setembro — franceses, italianos e gregos levantam acampamento totalmente durante *les grand déparst* de agosto. No Irã, o país pára durante o Nouruz, a festa de Ano-Novo de 21 de março, e durante muitos dias depois; a mesma paralisação se dá na Tailândia, ao longo dos cinco dias do Songkran, festival das águas do Ano-Novo tailandês (datas varáveis de abril), ao passo que no Japão, a Semana Dourada, no início de maio, não é uma boa época para negócios: há quatro feriados nacionais no espaço de sete dias.

Trabalho rápido

A sabedoria mostra que o mês do Ramadã é uma época péssima para os negócios. Durante o dia as pessoas ficam famintas e de mau humor; após o *iftar* e a refeição que se segue, à noite, ficam preguiçosas porque comem até se fartar. Por outro lado, há quem considere o Ramadã excelente para fazer negócios — de certo tipo. Os lojistas, por exemplo, podem ficar tão debilitados pela fome que perdem o habitual vigor para barganhar.

O outro ponto a se lembrar é que, depois do *iftar*, a vida social ganha fôlego: os homens se recolhem aos cafés para beber uma xícara de chá ou fumar um cachimbo *shisha** — o ambiente perfeito para fechar um bom negócio.

Código de vestuário

Para os homens de negócios, a combinação terno escuro, gravata conservadora e meias escuras é aceitável em quase todo lugar. Os alemães gostam de sapatos cuidadosamente engraxados e lustrosos; já para os italianos prevalece o conceito de *la bella figura*: use roupas de bom corte, vista-se com estilo e todos certamente vão perceber e ficarão impressionados. No Oriente Médio, vão reparar na qualidade da sua valise e seu relógio. Nos Estados Unidos, o que impressiona são os dentes bonitos — os norte-americanos usam a expressão "dentes ingleses" ("*english teeth*" ou "*british teeth*") para "dentes ruins".

Os russos também esperam alguma formalidade de vestuário: circula a fofoca de que uma das razões pelas quais Mikhail Khodorkovsky e sua companhia petrolífera Yukos foram destruídos pelo governo teria sido o fato de que ele compareceu a um reunião no Kremlin usando camisa pólo, em vez de terno e gravata.

Meishi

No Reino Unido, entregar um cartão de visita a um novo contato ou potencial parceiro de negócios é um gesto comum e tranqüilo. Pode ser que vocês tenham de entrar em contato — então aqui está o cartão. Se você esqueceu, não tem problema; um endereço de *e-mail*

* O narguilé é um cachimbo de água utilizado para fumar. Além desse nome, de origem árabe, também é chamado de *hookah* (na Índia e outros países que falam inglês), *shisha* ou *goza* (nos países do norte da África), *narguilê*, *narguila*, *nakla*, *arguile*, *narguilhé* etc. Muito usado por hindus, persas e turcos, é constituído de um fornilho, um tubo longo e um pequeno recipiente contendo água perfumada, pelo qual passa a fumaça antes de chegar à boca. O narguilé foi inventado, segundo a versão mais aceita pelos historiadores, na Índia do século XVII, pelo médico Hakim Abul Fath, como método capaz de retirar as impurezas da fumaça. Quando chegou à China, passou a ser utilizado para fumar o ópio. Entre os árabes, o cachimbo de água foi rapidamente incorporado para ser apreciado em grupo, acompanhado de café e conversa. (N. T.)

ou um número de telefone pode ser rabiscado num pedaço de papel, recibo velho ou descanso de copo.

Mas, em muitos lugares, e particularmente no Oriente, a troca de cartões é um procedimento extremamente formal; na China, por exemplo, seu cartão deve ser tirado do bolso interno ou externo do paletó (nunca do bolso da caça) e oferecido, com as duas mãos, primeiro à pessoa mais velha ou de cargo mais alto presente.

No Japão, quando você receber um cartão — ou *meishi* —, estude-o por alguns segundos antes de guardá-lo cuidadosamente (o ideal é guardar numa pequena carteira porta-cartões de couro). Enfiar o cartão no bolso de trás da calça será visto como sinal de desrespeito, e jogar fora é um franco e completo insulto. Seu cartão é uma extensão da sua pessoa, e deve estar na melhor condição possível. Pode ser que seu interlocutor faça uma reverência durante a troca de cartões; embora não haja necessidade de devolver a reverência (ver o item "*Ojigi* e *namaste*"), é um gesto educado assentir com um meneio da cabeça, em sinal de reconhecimento. Se ele sibilar entre os dentes, não se preocupe: isso indica apenas que ele considera você importante. Se vocês participarem juntos de uma reunião, a coisa certa a fazer é alinhar os cartões à sua frente, correspondendo a Suzuki-san e Koizumi-san, sentados do lado oposto da mesa. Não apresentar um cartão será visto como um sinal de que você não está interessado em continuar a relação de negócios.

Perdido na tradução

O texto do cartão é igualmente essencial, especialmente em países como Itália, Alemanha e Brasil, onde os títulos são levados a sério. Uma tradução de suas qualificações para a língua local no verso do cartão é um gesto atencioso e polido em qualquer lugar, e esperado na China, no Japão e no mundo árabe. Certifique-se de que é uma boa tradução, pois versões muito livres e descuidadas podem causar confusão: a distinção entre, digamos, um subeditor e um vice-editor de jornal pode não ser óbvia para seu simpático tradutor para o mandarim local. No Japão, o lado com a versão em japonês deve ser organizado de maneira tradicional: primeiro o nome da empresa (a coisa mais importante), depois seu cargo e título, em seguida seu nome e por fim suas informações para contato. Você deve oferecer o cartão com a língua de seu interlocutor virada para cima; espera-se que ele retribua a gentileza, oferecendo um cartão com o texto na língua traduzida também por cima.

Em alguns lugares as traduções podem causar mais problemas do que merecem. Na Bélgica, você pode se enredar nas antigas rivalidades entre falantes de francês e flamengo; da mesma maneira, entre francófonos e anglófonos em Quebec. Mas em geral é um investimento que vale a pena.

Sinal de caráter

Se você quiser maximizar seu impacto na China, vale a pena pensar em adotar um nome chinês, além de seu nome ocidental; seu novo apelido deve se adequar foneticamente ao seu nome verdadeiro e ter o atrativo de um significado bem otimista. Quando você apresentar seu cartão de visita com a nova alcunha, seu nome vai ser lembrado com mais facilidade e por mais tempo. Justamente por isso, colegas chineses podem pedir sua ajuda para escolher nomes na sua língua. Lembre-se: as formas simplificadas dos caracteres chineses agora em uso na República Popular da China não são usadas em Taiwan nem em Hong Kong.

Zong

Para as pessoas de sociedades mais igualitárias de países como Estados Unidos, Dinamarca, Islândia e Austrália, pode ser difícil compreender que muitas culturas são regidas por um elevado grau de hierarquização. Para quem está acostumado a entrar no táxi e sentar-se no banco da frente ao lado do motorista e chamá-lo de "amigo", pode parecer absurdo, ou absolutamente errado, que o tratamento direto e igual dispensado a pessoas de todas as classes sociais não seja um fenômeno universal. Na China, a hierarquia significa saber o título da pessoa e tratá-la com deferência à sua posição. Não confunda "*changzhang*" ("gerente de fábrica") com "*chejian zhuren*" ("capataz" ou "chefe de seção da oficina"); nem se esqueça de prestar homenagem ao "*zong jingli*" ("gerente-geral"). Na França, na Alemanha e na Itália, igualmente, onde as empresas são estruturadas verticalmente, o respeito aos de alto coturno é importante, e seu interlocutor deve continuar sendo tratado como *monsieur*, *frau doktor* ou *commendatore* até que peça para você mudar.

Café-da-manhã executivo

A máxima espirituosa de Oscar Wilde de que "Só pessoas estúpidas são brilhantes no café-da-manhã" não quer dizer nada nos Estados Unidos e na Finlândia, países em que a primeira reunião do dia, regada a *hash* (prato feito de carne moída misturada com batata assada ou frita) e arenque ou queijo e torradas, ainda é muito popular. Mas a idéia de "café-da-manhã de negócios" ou "café-da-manhã do poder" nunca pegou para valer na França, onde *le petit déjeuner* (o pequeno desjejum) muitas vezes não passa de um *café crème* e um cigarro Gauloise. O mesmo vale para os países mediterrâneos e latinos, onde as pessoas gostam de curtir sua ressaca em paz. Na Ásia, o conceito é ainda menos popular, e sugerir um café-da-manhã para discutir negócios e tomar decisões beira o desrespeito.

Entrada para dez

Se você for convidado para um almoço de negócios, tenha em mente que diferentes culturas vão tratar de maneiras diferentes os aspectos "almoço" e "de negócios" da ocasião. Para norte-americanos, alemães e escandinavos, cuja principal preocupação é concentrar as atenções em fechar contratos e resolver logo o assunto, você já pode estar falando de trabalho mesmo antes de conseguir garfar seu *carpaccio* de alce.

Nos demais países da Europa continental, porém, é importante bater papo antes de começar a falar de trabalho; arte, filmes, literatura, esportes, coisas engraçadas sobre seu país e o país de seus interlocutores, comparação do clima, e assim por diante. Espere até o café, ou, na Espanha, a *sobremesa* (a conversa informal após a refeição) para chegar aos "finalmentes" e falar de negócios.

O toque pessoal

Na Arábia Saudita, igualmente, os negócios são encarados como questão pessoal. Seus anfitriões e parceiros comerciais esperam que você beba com eles chá e café (e depois mais chá), enquanto vão batendo papo e se conhecendo um pouco melhor, antes de sequer começar a pensar em trabalho. Esse processo de familiarização, durante o qual seu colega consegue ter uma noção acerca da sua personalidade, pode durar várias reuniões.

Numa variada gama de países, do Japão à China e à Turquia, da América Latina à África, atitudes semelhantes em relação aos negócios são a norma. Você pode se descobrir discutindo qualquer tipo de assunto, menos o projeto em questão, porque para as pessoas desses países o caráter do homem de negócios com quem pretendem trabalhar é, de longe, muito mais importante do que o produto ou contrato. Seus interlocutores estão tentando construir um relacionamento de longo prazo com alguém em quem possam confiar — e não se importam que demore o tempo que for preciso.

Amigos, amigos, negócios à parte

Os negócios são o mais importante

Europa germânica e países nórdicos
Estados Unidos e Canadá

Austrália e Nova Zelândia
Hong Kong e Cingapura

Vamos fechar o negócio e ser amigos
Reino Unido
Irlanda
África do Sul
Europa central e Leste Europeu
Chile, sul do Brasil, norte do México

Primeiro ficamos amigos, só depois podemos trabalhar juntos
Mundo árabe
Norte da África e África central
Restante da América Latina
Restante da Ásia

Guanxi

Uma maneira de abreviar ou eliminar o longo e lento processo de familiarização, tão importante em países "baseados em relacionamentos", é ser apresentado por um intermediário, uma pessoa conhecida, de confiança e possivelmente aparentada do seu interlocutor. Na China, esse contato é chamado de *guanxi*, palavra complexa e intraduzível que descreve não apenas a pessoa e a influência especial que ela possui, mas também um senso de obrigação embutido. Assim como muitas outras coisas no Oriente, o segredo está na reciprocidade. Você não deve aceitar favores do *guanxi* a menos que esteja em posição de retribuir na mesma moeda.

O poder do pessoal sobre o impessoal é reconhecido no mundo todo: nepotismo, favoritismo, proteção, redes informais de conhecidos, amigos e parentes, ou o famoso "QI" ("Quem Indica").* Nos

* O autor cita o exemplo britânico das "*old boy networks*" ou "*old boy societies*", redes e associações sociais e de negócios formadas exclusivamente por ex-alunos homens de escolas (Eton, Harrow, Winchester, Charterhouse) e universidades (Oxford, Cambridge) da elite, que em outros tempos exerciam grande influência na Inglaterra, especialmente nos altos cargos do no serviço público. (N. T.)

países árabes, *wasta*(h) é a palavra para a influência particular que pode ajudar você a burlar as regras e achar brechas na burocracia, arranjar empregos, conseguir vaga para seu filho na universidade, e assim por diante. Em Israel, esse tipo de poder de influência não oficial é chamado de *proteksia* — embora nesse país conte menos o lugar em que você nasceu ou escola em que estudou do que a unidade do Exército em que você serviu.

Na América Latina, você pode contar com esse tipo de ajuda por debaixo do pano ou fazer uso aberto de um *enchufado* — um faz-tudo local, que conhece todo mundo com quem você está tentando fazer negócios e pode atuar de consultor a medidor.

Tatemae e honne

Em Taiwan, na Coréia do Sul ou no Japão, o desenvolvimento de importantes relacionamentos de negócios pode ser acelerado pelo uso sensato do álcool. Em uma relação construída com o auxílio de cerveja, uísque ou saquê pode levar a um rápido incremento da confiança mútua, e a polidez formal e cordial do escritório, a *tatemae* ("comunicação de superfície"), dá lugar à *honne* ("o que eles pensam de verdade"). E você pode chutar o pau da barraca, divertir-se a valer e ficar tranqüilo: o que acontece à noite nunca é mencionado no dia seguinte. Nunca deve ficar lembrando os horrores hilários da noite passada. Mesmo que tenha vomitado em vários funcionários ao mesmo tempo — definitivamente, isso terá ficado para trás.

Equilíbrio entre vida e trabalho

Outra divisão fundamental no mundo dos negócios internacionais é aquela entre os que trabalham para viver e os que vivem para trabalhar. O apetite norte-americano para colocar o trabalho em primeiro lugar, a ponto de abrir mão dos fins de semana, é incompreensível em grande parte da Europa continental e da América Latina, onde a pausa para o descanso é vista como essencial para o convívio com a família e os amigos, e onde propor a idéia de um "fim de semana de familiarização" para discutir negócios e novos projetos seria particularmente indesejada. No Oriente, obviamente, os japoneses encaram seu trabalho com a mesma seriedade dos norte-americanos.

Guerreiro corporativo

O primeiro caso de karoshi ("morte por excesso de trabalho") foi registrado no Japão em 1969, com o falecimento, por infarto, de um funcionário de 29 anos do departamento de encomendas e despachos do maior jornal do país. À época, o episódio foi chamado de "morte súbita ocupacional". Mas, em meados dos anos 80, depois da publicação do livro Karoshi, *a mídia começou a usar regularmente a palavra para descrever mortes inexplicáveis de gerentes e funcionários de altos cargos que sucumbiam no auge da carreira, sem nenhum sinal prévio de doença. Em 1987, o Ministério do Trabalho começou a publicar as estatísticas da karoshi e divulgou a ocorrência de 21 casos naquele ano, e 29 no ano seguinte. Porém, em 1990, quando uma comissão de advogados foi incumbida de analisar o problema, o número deu um salto: de repente, as estimativas eram de mais de dez mil pessoas mortas por karoshi.*

11

No kompromissa

A reunião e seus desdobramentos

Bem-vestido, bem calçado e com um impecável cartão de visita, traduzido corretamente para a língua certa e exibindo seu cargo e título, você acaba de chegar a seu país anfitrião. Você está pronto para tudo, desde uma semana de trabalho esquisita à necessidade despropositada de perder tempo fazendo amizade. Mas isso é só o começo...

Pünktlichkeit

As culturas no norte da Europa e nos Estados Unidos são obcecadas pelo tempo (o que os interculturalistas profissionais descrevem como "vinculação ao tempo monocrônico"), e vivem de olho no relógio; assim, nesses países os negócios obedecem a uma programação bastante rígida. Se você for convidado a participar de uma reunião em Hamburgo às dez da manhã, é decisão sábia chegar até 9h55. Para os sistemáticos alemães, a *pünktlichkeit* ("pontualidade") é uma clara indicação de *zuverläßigkeit* ("confiabilidade"). Atitudes semelhantes prevalecem na China e no Japão. Mas não se trata de um padrão mundial. Nas sociedades mais tranqüilas e relaxadas da Europa, do Oriente Médio, da Rússia e da América do Sul, as reuniões começam na hora em que começarem, nem antes nem depois. Nesses países sem horário, ou "policrônicos", seria estranho marcar de antemão um horário para o término da reunião. Se houver muito a discutir, o encontro se estende. Se vocês estão perto de encontrar uma solução para o problema às 10h55, por que ir embora para outro lugar? Nessas culturas, de fato, se as coisas estiveram indo bem, é francamente grosseiro terminar uma reunião só porque você tem outro compromisso agendado. Haverá tempo para isso *mañana* ("amanhã").

Esperando no corredor

Justamente por isso, nos países preocupados com os horários é improvável que mesmo os chefes e patrões mais importantes deixem clientes ou visitantes esperando muito tempo. Atrasar-se ou, ainda pior, fazer as pessoas baterem os pés de impaciência do lado de fora do escritório enquanto você termina alguma outra coisa é tido como falta de respeito.

Mas não é assim nas culturas pouco afeitas à pontualidade, especialmente aquelas que também são hierárquicas. Aqui os patrões e chefes assumem que as pessoas menos importantes podem esperar por eles. Essa atitude de "meu tempo é mais importante que o seu" pode dar nos nervos de pessoas de países mais igualitários e obcecados pelo relógio. Entretanto, se este for seu caso, você deve empenhar-se em manter a calma. Ressentimentos despropositados podem ser contraproducentes e envenenar um relacionamento importante. Sua estratégia deve ser: apareça na hora e, se necessário, use o tempo de espera para continuar trabalhando. Hoje em dia os *laptops* facilitaram muito as coisas. Por que não se aproveitar da rede wi-fi (sem fios) do seu impontual anfitrião em vez de ficar zanzando inutilmente de lá para cá?

À la gringa

No México, se alguém marcar uma hora e acrescentar a expressão "*à la gringa*" ("à moda dos gringos", "à moda dos estrangeiros", "à moda do homem branco"), pode esperar que essa pessoa vai chegar mais ou menos na hora. Se disser "*à la mexicana*", só Deus sabe.

Liberou geral

Outra grande diferença ao redor do mundo é o grau de privacidade e foco das reuniões. Para quem trabalha no Reino Unido ou nos Estados Unidos, na Nova Zelândia ou na Islândia, uma reunião agendada para discutir um determinado detalhe contratual ou um ponto específico do negócio vai consistir de um time de interlocutores relevantes, que vão se concentrar no assunto em questão. Definitivamente, não é o caso no Oriente Médio, na América Latina ou em Bangladesh, onde o figurão pode ter o escritório abarrotado de todo tipo de gente, incluindo familiares, atender o telefone e permitir outras interrupções como e quando achar conveniente.

Nesses países, você também pode acabar se vendo sentado à mesa e rodeado de indivíduos que não dirão uma única palavra ao longo da reunião inteira. Não espere ser apresentado formalmente a essas silenciosas pessoas. Sorria, acene a cabeça, inclua-os na conversa. Pode ser uma claque que o figurão convocou para parecer mais importante e encher lingüiça ou, o que é mais do que provável, são parentes e amigos de confiança, cujas opiniões — sobre as propostas que você acabou de apresentar e, mais importante ainda, sobre você — ele vai ouvir assim que a reunião terminar.

E agora... nossos quatro pontos fundamentais

No Extremo Oriente, quando você fizer apresentações, preste atenção nas cores e nos números auspiciosos. Nas apresentações com PowerPoint na China, evite o verde, que é sinal de azar, e o azul, que é funesto. Na China e no Japão, qualquer coisa com ou em quatro é azar, tanto nos negócios como no lazer. Se você fizer uma relação de pontos fundamentais, agrupe-os em blocos de três, seis ou oito. Se tudo correr bem na China e você ganhar aplausos ao fim da apresentação, o gesto correto é o mesmo da entrada em um banquete: aplaudir também.

Dienst ist Dienst

Em reuniões, seja ainda mais cauteloso com o senso de humor do que você seria normalmente. Embora os britânicos, os norte-americanos e os australianos quase sempre comecem suas apresentações com uma piada, não são apenas os alemães que preferem tratar o trabalho com uma seriedade que exige que as gracinhas sejam guardadas para o drinque depois do expediente. "*Dienst ist dienst und schnaps ist schnaps*", dizem os alemães: "Trabalho é trabalho, tomar um drinque é tomar um drinque".

Expressivos

No Japão, sentar-se com os olhos fechados durante a reunião é um gesto comum, e de modo algum configura um insulto. A pessoa pode estar se concentrando melhor para entender seu inglês (ou sua língua nativa) ou as palavras do intérprete. Ou pode ser que tenha cochilado, o que não é incomum e não deve ser entendido como implicância pessoal.

Na Ásia, geralmente o contato visual é mínimo, e encarar o interlocutor pode ser interpretado como tentativa de intimidação e perturbação ou fazê-lo "desviar o olhar". Já no mundo árabe ou nos países mediterrâneos, é o contrário: é importante olhar sempre nos olhos como uma expressão de interesse; quem não fixar os olhos pode ser considerado evasivo ou indigno de confiança.

Essas diferentes formas de expressão tendem a andar no mesmo passo de como as pessoas discutem as coisas nas reuniões: para os reticentes japoneses, os volúveis mexicanos ou gregos podem parecer grosseiros (ou até mesmo furiosos); já Juan e Dmitri, que usualmente são bastante enfáticos e gesticulam sem parar, interrompendo seu interlocutor sempre que sentem vontade, podem achar os japoneses calados demais ou até mesmo indecisos. Os dois julgamentos estariam errados.

Direto ao ponto

Em geral, pessoas de culturas em que os negócios são mais importantes que os relacionamentos tendem a ser mais diretas em sua maneira de se expressar. O homem de negócios alemão ou holandês pode ser seco e direto, sem rodeios; já os taiwaneses e coreanos, sempre ávidos para evitar o confronto, serão mais indiretos, usando o silêncio, a expressão facial e outras formas não-verbais de comunicação, além, obviamente, de jamais dizer "não".

Mas tal correlação não é universal. O executivo inglês é sempre uma pessoa que se concentra nos negócios e fica feliz de trabalhar com desconhecidos, e, apesar disso, pode parecer furiosamente indireto para os visitantes norte-americanos e australianos.

Kompromissa

As táticas de negociação variam radicalmente ao redor do mundo. O mais importante, internacionalmente, é que você só vai ter certeza de conseguir o que quer se estiver preparado para recuar, ou virar as costas e ir embora, mas o caminho até esse ponto crítico é bastante diverso.

Os chineses, por exemplo, são sempre educados e gentis, mas sabem barganhar astuciosamente, e pelo tempo que for necessário, até conseguirem o acordo em questão. Elogios, bajulação, louvores insinceros, exigências exageradas, concessões disparatadas, falsos prazos — vale tudo. Mas lembre-se: as bases filosóficas da cultura chinesa derivam não apenas de Confúcio, mas também de Lao Tsu, que ensinou que o essencial na vida era encontrar o Tau — ou "caminho" — entre duas forças opostas, o meio-termo.

Na Rússia, em contraste, a vontade de se comprometer é vista como sinal de fraqueza (para não dizer que é moralmente errado). Se você estiver tentando sugerir seu comprometimento, fale sobre a possibilidade de encontrar seu interlocutor a meio caminho ou de fazer sua proposta sob a condição de uma concessão equivalente, em vez de usar a temível palavra *kompromissa*. E não se sinta desconcertado se seu interlocutor agir de modo teatral, fingindo postura de confronto. Na Rússia, ninguém leva em conta coisas como "vergonha" ou "ficar com a cara no chão". Para conseguir o que querem, os russos usam todo tipo de estratégia, desde demonstrar paciência exagerada a simular acessos de fúria e ataques de mau humor, além de dramáticas saídas de cena. Táticas de adiamento, pressão e ameaças são corriqueiras no salve-se quem puder das negociações russas.

*Haram*burger

A rede de lanchonetes McDonald's precisou de catorze anos de negociações antes de conseguir erguer seus arcos dourados na Rússia. Um encontro casual entre o presidente da McDonald's do Canadá e a delegação de atletas soviéticos nos Jogos Olímpicos de Montreal, em 1976, culminou com a abertura do McDonald's Praça Puchkin, em 3 de janeiro de 1990. A paciência da empresa valeu a pena. A loja estabeleceu um novo recorde mundial para o dia de inauguração mais bem-sucedi-

do da marca, e ainda hoje o Praça Puchkin continua sendo o McDonald's mais movimentado do mundo.

A empresa nunca se sentou sobre os próprios louros nem subestimou sua dominação global. O marketing *do hambúrguer sempre levou em conta as sensibilidades locais — a mais óbvia foi remover a sílaba "*ham*" ("presunto", em inglês) — dos cardápios dos países muçulmanos. Em Israel, o McDonald's Tel-Aviv serve apenas hambúrgueres kosher; em Meca — sim, há um na cidade sagrada, gerenciado exclusivamente por muçulmanos, é claro —, a carne bovina é halal, pois os animais são sacrificados de acordo com o ritual islâmico. Nos Países Baixos, há hambúrgueres vegetarianos, e na Noruega podem-se comer hambúrgueres de salmão. Na empreendedora Cingapura, a empresa saiu-se com a invenção do Kiasuburger, incorporando a palavra* kiasu, *considerada um traço da identidade nacional e que significa "medo de ser inferior".*

O silêncio vale ouro

Quando você estiver no meio de uma negociação nos países do Golfo, esteja preparado para o uso estratégico do silêncio. Os árabes estão bastante acostumados a longos períodos de silêncio coletivo em todos os tipos de reunião, mas sabem que os ocidentais podem ficar extremamente constrangidos. Se você perceber que a tática está sendo empregada deliberadamente, responda na mesma moeda — feche a matraca e caia também em silêncio.

Babel

Quando você tiver de falar por meio de um intérprete, use frases claras e curtas. Tente evitar expressões ou gírias, pois vão apenas causar confusão. Faça pausas freqüentes e diga ao intérprete quando deve continuar. Traduzir do inglês para o alemão, por exemplo, requer aproximadamente 30% a mais de sílabas. E concentre-se em seu interlocutor, não no intérprete. Ele ou ela estarão observando e estudando atentamente sua expressão e linguagem corporal. Não perca de vista a vantagem de fazer o mesmo.

Ringi seido

Os intrépidos e empreendedores norte-americanos se queixam de que os alemães levam uma eternidade para tomar uma decisão. Os holandeses, por sua vez, também passam por um enfadonho processo de ponderação, envolvendo ampla consulta (*poldermodel*), antes de optar por um rumo definitivo.

No Japão, o consenso é igualmente importante. As empresas nipônicas, hierarquizadas quase que militarmente, utilizam um sistema conhecido como *ringi seido*, segundo o qual uma nova proposta (*ringisho*), apresentada por qualquer departamento, passa por todos os departamentos relevantes, bem como circula entre todos os gerentes e diretores, até chegar ao presidente da empresa. Comentários individuais são feitos numa folha de papel anexada à *ringisho*, e a administração toma sua decisão final com base em tudo isso. No processo complementar de *nemawashi* ("visitando as raízes"), os superiores consultam seus subordinados informalmente antes de tocar adiante novos projetos. Como resultado, todo esse procedimento de busca do consenso interno às vezes pode parecer exasperadamente lento para os ocidentais. O lado bom é que, uma vez tomada a decisão, os empregados geralmente estão comprometidos e envolvidos com o projeto, por isso sua implementação é rápida.

Pondo os pingos nos is

Para os norte-americanos, imediatistas e obcecados com os negócios, os contratos são essenciais, obrigatórios, e devem ser rigorosamente respeitados. Para os chineses, porém, um documento pode ser apenas o início de uma negociação de longo prazo. As coisas podem mudar com o tempo. Bons parceiros devem se proteger e cuidar uns dos outros, sendo flexíveis. Em países com o mesmo ponto de vista, ou seja, que privilegiam os relacionamentos e colocam em segundo plano os negócios, da Coréia do Sul à Grécia, a promessa pessoal feita por um parceiro de confiança pode ser mais frutífera do que um documento assinado.

Embora os russos tenham uma atitude semelhante à dos chineses e prefiram relações de negócios de longo prazo, invariavelmente gostam ainda mais que os norte-americanos de registrar por escrito as negociações em andamento, e insistem em *protokols* escritos, assentando as decisões tomadas ao fim de cada reunião.

Etiqueta eletrônica

O *e-mail* é a tecnologia da globalização; por isso, muitas das convenções informais que surgiram e se espalharam para ditar seu melhor uso são universais: incluir cópias desnecessárias para muitas pessoas é quase tão ruim quanto enviar pesadíssimos arquivos em anexo sem consulta prévia ao destinatário — especialmente para o pobre coitado da zona rural do Tajiquistão que está tentando manter atualizada a própria caixa postal sem dispor de uma conexão de banda larga. Reclamar de alguém no cabeçalho de um *e-mail* recebido também é pouco aconselhável: aperte por engano a tecla "Responder a todos" e assista horrorizado a valiosos relacionamentos sendo arruinados para sempre.

O estilo abreviado das conversas, cumprimentos e despedidas do *e-mail* também parece ser universal. Os franceses, que tradicionalmente anunciariam o fim de uma carta com "*Je vous prie d'agrèer, madame, l' expression de mes salutations distingues*" (algo como "Madame, peço à Vossa Senhoria que aceite a expressão das minhas distintas saudações"), agora se contentam com um mero "*Cordialement*" ("Cordialmente"), que às vezes é abreviado ainda mais e se limita a um chocante "*Cdlt*". Os árabes usam "Aa" como uma versão maluca do

formal "*Assalamu 'alaykum*", e os chineses se despedem com um número da sorte, 666.

Junto com a abreviação das palavras há um bizarro aumento da intimidade: os norte-americanos escrevem "*xoxo*" ("*hugs and kisses*", "abraços e beijos") para pessoas que jamais beijaram e abraçaram na vida, enquanto na Inglaterra o "x" (um beijo de língua) para despedida é usado pelas pessoas mais improváveis num contexto de trabalho.

Bakshish nos negócios

O governo dos Estados Unidos determina pesadas penalidades, de multas a condenações judiciais e penas na prisão, para homens e mulheres de negócios flagrados pagando propinas no exterior. Nos últimos anos, 35 nações tornaram-se signatárias da Convenção Anti-Suborno da Organização para a Cooperação e Desenvolvimento Econômico (OCDE). Porém, muitos outros países não apenas fazem vista grossa para as atividades de seus cidadãos em terras estrangeiras como também permitem que empresas paguem e aceitem propina e depois deduzam na declaração de imposto.

As propinas podem acelerar os negócios em países onde a corrupção é endêmica. Mas tenha em mente que "pagamentos especiais" e "comissões" não são algo que se faça uma única vez. A longo prazo, os que optam pelo caminho da fraude para chegar lá rapidamente podem acabar pagando caro. Uma conduta honesta pode, oportunamente, render dividendos ou até mesmo arrancar pela raiz o mal da corrupção.

Desconto honesto

Numa visita a Jacarta, altos funcionários do governo da Indonésia perguntaram a Sam Walton, o lendário fundador da rede de varejo Wal-Mart, por que motivo ele não comprava roupas e outros artigos indonésios. Ele respondeu que jamais comprava produtos em mercados onde se exigia o pagamento de propina. O governo indonésio reagiu rapidamente. A responsabilidade pela fixação do valor dos produtos para exportação foi tirada dos funcionários e ficou a cargo da SGS, empresa suíça com credenciais impecáveis. Depois disso o Wal-Mart começou a fazer negócios com a Indonésia.

Da Islândia ao Tajiquistão

A Transparência Internacional é uma organização não-governamental sediada em Berlim e conhecida pela produção anual de um relatório em que são analisados os índices de percepção de corrupção dos países do mundo, com base numa pesquisa com executivos e executivas internacionais. Uma tendência interessante é que os países considerados menos corruptos também estão entre os mais ricos, o que sugere, talvez, que os funcionários mal pagos estão mais propensos à corrupção.

Os dez menos corruptos

1. Islândia
2. Finlândia
3. Nova Zelândia
4. Dinamarca
5. Cingapura
6. Suécia
7. Suíça
8. Noruega
9. Austrália
10. Áustria

Os dez mais corruptos

1. Chade
2. Bangladesh
3. Turcomenistão
4. Mianmar (Birmânia)
5. Haiti
6. Nigéria
7. Guiné Equatorial
8. Costa do Marfim
9. Angola
10. Tajiquistão

Quando este livro estava no prelo, o Reino Unido era o 11º menos corrupto, empatado com os Países Baixos, enquanto os Estados Unidos estavam na 17ª posição.

Morda o girino de cera

Mesmo quando as negociações já se encerraram e os contratos foram assinados, ainda há muito espaço para o desastre, quando se trata de lidar com uma cultura nova e desconhecida. Quando a Coca-Cola chegou à China, a tentativa de transliteração do som *ko-ka ko-la* acabou sendo representada em caracteres que significavam literalmente "morda o girino de cera". Apenas mais tarde a empresa chegou a outro, que significava "permitir que a boca seja capaz de se alegrar". A Pepsi teve problema semelhante com o *slogan* "Venha viver com a Pepsi", que foi traduzido como "Pepsi traz de volta à vida seus antepassados mortos". Na Turquia, o lançamento da filial da loja de computadores Götzen ficou um tanto comprometido por causa do uso local da palavra Göt, que significa "bunda". Já os fabricantes irlandeses do licor Irish Mist poderiam ter previsto o fracassado lançamento da bebida na Alemanha, onde a palavra "*mist*" ("névoa") significa "esterco".

12

Romeus

Relações com o sexo oposto

No Reino Unido, nos Estados Unidos e em toda a Europa ocidental, a lei e os costumes contemporâneos encorajam as pessoas a agir como se ambos os sexos tivessem oportunidades idênticas em todas as áreas da vida, divergindo apenas nos aspectos oferecidos pela natureza. Mas esses não são pressupostos adotados universalmente. Pode ser um choque chegar a uma das partes do mundo em que as atitudes liberais do Ocidente não são levadas em conta, e onde as mulheres não apenas se vestem de maneira diferente dos homens como devem também se comportar de maneira diversa...

Cara-metade

A maior dificuldade para os ocidentais em visita ao Oriente Médio será provavelmente entender as atitudes entre os sexos, porque ficam num dos extremos do espectro mundial. Das mulheres árabes espera-se, de modo geral, que se vistam com recato e que obedeçam e se submetam completamente a seus homens, a ponto de um homem cumprimentar outro e ignorar completamente a presença da mulher plantada ao lado. Os homens saem para almoçar e jantar e deixam a esposa em casa, mesmo se ocidentais tenham convidado o casal. Se o homem levar a mulher, terá sido decisão exclusivamente dele. Em casa, os sexos vivem segregados, e a mulher serve o homem.

Em geral, homens e mulheres que não sejam casados ou parentes muito próximos evitam situações em que fiquem juntos sozinhos, mesmo por pouco tempo. É impróprio que fiquem num cômodo a portas fechadas ou que ocupem o mesmo carro — na Arábia Saudita, correm o risco de ser parados pelos *mutaween* (membros da *mutawwa*, a "polícia religiosa"; ver item "Declaração provocadora"). E, certamente, jamais devem sair juntos. A punição para o sexo pré-marital, prescrita pelo Alcorão e pelos *hadith*, é de cem chibatadas, e isso ainda vigora no Irã e na Arábia Saudita. A pena para o adultério é ainda pior: morte por apedrejamento.

Nos países árabes mais tradicionalistas, os forasteiros podem se meter em sérias encrencas entre eles mesmos; não faz muito tempo, um norte-americano flagrado dando um beijo no rosto de uma conterrânea foi preso por um membro da Guarda Nacional saudita; ela foi deportada e ele foi posto na cadeia. Nada disso implica que as pessoas não infrinjam as regras no âmbito privado. Uma mulher saudita escrevendo sob o pseudônimo Mística afirma que a história de amor narrada em seu *blog* é ficcional — mas o cenário realista em que ela se passa é na Arábia Saudita atual, assim como o revelador livro de Rajja Alsanea, *Garotas de Riad*.

Machismo

Na América Latina, embora os dois sexos possam conviver e se misturar livremente e existam leis contra discriminação sexual, muitos homens ainda se consideram os reis da cocada preta — e se orgulham do machismo. O lado bom é que prevalece um cavalheirismo à moda antiga, e é comum que os homens abram as portas para as mulheres e permitam que elas sejam as primeiras a entrar no elevador. O lado ruim é o macho predador exaustivamente autoconfiante. Mulheres que viajam sozinhas para esses países, mesmo a negócios, devem pensar na idéia de usar aliança de casamento, de modo a desencorajar atenções indesejadas. Melhor ainda seria ter à mão uma providencial coleção de fotos de filhos pequenos. Um sedutor brasileiro pode até considerar que uma mulher casada sem filhos seja uma espécie de desafio, mas é improvável que sinta a mesma coisa em relação a uma mãe. A mulher de negócios que convida um associado para almoçar ou jantar deve pedir a ele que leve a esposa — ou pelo menos uma colega de trabalho.

Um passo atrás

Apesar de sua notória filiação histórica ao igualitarismo, a Rússia também é uma cultura bastante machista. As mulheres são vistas como subordinadas aos homens, e muitas vão dizer que só se sentem mulheres de verdade quando têm um "homem russo tradicional". No dia 8 de março, Dia Internacional da Mulher, os homens russos fazem um tremendo esforço: compram flores para as mulheres de sua vida, preparam refeições românticas e depois até lavam a louça. Mas a existência dessa saturnal serve apenas para salientar o *status quo* durante o resto do ano. Uma mulher de negócios em visita à Rússia provavelmente terá que se empenhar para ser encarada com seriedade pelos seus interlocutores. Os homens que têm o hábito de beijar a mão das mulheres e cobri-las com gentilezas e atenções exageradas não consideram que esse tipo de gesto antiquado seja condescendente. (Tenha em mente que, quando os russos se casam, a expressão para o homem é "*zhenitsva na devushke*", que significa "pegar uma mulher"; já para as mulheres é "*vykhodit zamuzh*" — "dar um passo para trás de seu homem".)

Relações em Uganda

O machismo também é altamente disseminado em muitas partes da África. Em Botsuana, apenas recentemente as mulheres receberam permissão para ocupar um lugar no "*kgotla*" ("local de reuniões") do vilarejo, onde o Chefe distribui a justiça. Nas áreas rurais provavelmente as meninas ainda evitam olhar para um homem, uma vez que foram ensinadas que é desrespeitoso uma mulher olhar diretamente para o alguém do sexo oposto. Em partes rurais da Uganda as esposas tradicionais ainda precisam se ajoelhar quando falam com o marido ou outros homens, e por vezes até mesmo as mulheres urbanas dobram os joelhos.

Mulheres açoitadas

Entre o povo hamar, do sul da Etiópia, a dominação física masculina é levada e níveis extremos. Quando chega a época de iniciação de um rapaz (saltando sobre uma fileira de touros castrados), suas irmãs devem submeter-se ao açoite e são chicoteadas por um grupo de homens há pouco iniciados, chamado maz. E a coisa não termina aí. Assim que se casa, a esposa pode esperar espancamentos rotineiros do marido se não der conta de agradar-lhe em tarefas como arrumar a casa ou preparar a comida.

As regras

Nos Estados Unidos, onde a igualdade dos sexos no local de trabalho é garantida por lei e onde algumas empresas exigem que os funcionários consultem seus superiores antes de convidar um(a) colega de trabalho para um drinque, seria de esperar que marcar encontros românticos com uma pessoa do sexo oposto fosse um costume fora de moda no limiar do século XXI. Mas não. Depois de uma década ou três pondo à prova a idéia de tratar os homens em condições de igualdade, rachar a conta no restaurante e telefonar a eles quando sentiam vontade, as mulheres retrocederam para modelos mais tradicionais: agora esperam ser convidadas para sair, esperam que o homem pague a conta, querem romance e namoro completo (e tudo isso apesar do punhado de bobagens amontoadas por gente sofisticada no *best-seller* milenário *As Regras*).* Uma mulher pode muito bem se oferecer para pagar parte da conta, mas, se o homem concordar, ela pode supor que ele não está interessado nela e até mesmo se recusar a sair com ele de novo.

Romeus

Para os jovens (e os não tão jovens) Romeus da Itália, nenhum desses velhos assuntos sobre paquera e namoro é novidade. Como bem sabe qualquer mulher que já tenha andando sozinha pelas ruas de Florença, Milão ou Nápoles, nessa parte do mundo a regra é: quem toma a iniciativa e sai à caça são os homens. Para certo tipo de homem italiano, flertar é como respirar. Não é vergonha alguma mostrar interesse; se os galanteios dele forem rejeitados ou mal acolhidos, ele vai tentar fazer graça, contar piada, fazer você sorrir, comprar presentes e se oferecer para levar você para dar uma volta na garupa da Vespa — e em geral vai ser insistente. Só mais tarde você vai descobrir o lado ruim: o senão é que ele ainda mora com a mãe, que lava e passa as roupas do garotão; e, se ele estiver realmente interessado em você, vai dizer que gostaria que você fosse a segunda opção, uma namorada reserva de prontidão.

Na Espanha, as pessoas tendem a sair para paquerar em grupo.

---

* Referência ao livro de auto-ajuda *The Rules: Time-Tested Secrets for Capturing the Heart of Mr. Right* (*As Regras: Segredos Testados e Comprovados para Fisgar o Coração do Sr. Homem Certo*, em tradução literal), de Ellen Fein e Sherrie Schneider. Campeão absoluto de vendas desde sua primeira publicação, em 1997, e definido pelas autoras como "*um prosaico manual de comportamentos e reações que, seguido à risca, invariavelmente serve para tornar a maioria das mulheres irresistíveis para os homens mais desejáveis*", o guia prescreve uma série de regras para auxiliar as mulheres a conquistar um marido ou ser popular entre os homens. Alguns exemplos: *Regra Cinco – Nunca Telefone e Quase Nunca Retorne as Ligações Dele*; *Regra Dezessete – Deixe que Ele Tome a Dianteira e Dê o Primeiro Passo*. No Brasil, o livro foi publicado em 1999, pela Editora Rocco, como *As 35 Regras para Conquistar o Homem Perfeito*. O sucesso levou a uma continuação, *Rules II: More Rules to Live and Love By*, lançado no Brasil, em 2000, como *Mais Regras para Conquistar o Homem Perfeito*. (N. T.)

Um rapaz espanhol pode demonstrar interesse apresentando você imediatamente a todos os amigos. O francês, ao contrário, vai querer fisgar você sozinha — de preferência no restaurante favorito dele, onde vai tentar impressioná-la com um extraordinário *foi gras* que só existe lá, lavado com uma coisinha que até agora apenas ele e o *patron* descobriram.

Conversa morta

Os europeus do norte tendem a não valorizar muito a conversa à toa, a conversa trivial. Na Suécia, a expressão para esse tipo de interação é "conversa morta". Se e quando você se envolver romanticamente com um sueco ou uma sueca, pode acabar descobrindo que, além de sucintos, eles também são sinceros. E quando você perguntar o que acharam da roupa que você está usando, eles vão dizer com detalhes, minuciosos mas não exatamente lisonjeiros.

Romanticamente móvel

No Egito, os jovens muçulmanos que querem achar brechas nos rígidos códigos sociais, e ter um gostinho da liberdade do namoro ao estilo ocidental, passaram a aproveitar as possibilidades oferecidas pela tecnologia Bluetooth. Usando os fascinantes sinais de radiofreqüência de seus telefones celulares, eles podem evitar as restrições sobre a abordagem de mulheres desconhecidas nas ruas e nos cafés. Se tudo der certo, o único problema é dar um jeito para que, depois, os pais se conheçam e ponham as coisas em ordem, da maneira apropriada.

Compromisso firme

Até recentemente, rapazes e moças chinesas precisavam pedir permissão para seus superiores em suas *danwai* ("unidades de trabalho") quando quisessem ficar noivos ou se casar. Hoje em dia isso é raro, mas a suposição geral é a de que, se um homem e uma mulher estão namorando, no fim das contas vão se casar. Os visitantes ocidentais, cuja postura é mais causal, devem ter consciência disso e tomar cuidado se o coração começar a bater mais forte por um morador ou moradora local.

De meia-idade aos trinta

No Ocidente, da mesma maneira, tradicionalmente o namoro era uma etapa na estrada para o casamento. Algumas culturas estabeleceram costumes para enfatizar essa tradição. Na Alemanha, ainda existe um charmoso evento em que os indivíduos (homens e mulheres) que chegam à idade de trinta anos sem se casar são publicamente punidos. Acompanhado dos amigos, o "criminoso" ou a "criminosa" é levado a uma igreja, casa de ópera ou prefeitura; lá os homens são obrigados a varrer as escadarias e as mulheres, a limpar as maçanetas das portas, cobertas com graxa de sapato branca. E só são liberados dessas árduas tarefas depois de serem beijados por um(a) virgem do sexo oposto, possivelmente alguém que pode livrá-los de seu ofensivo estado de solteirice. Depois disso tudo, há uma festa que dura a noite inteira.

Matrimônio

Apesar de todo o marketing, toda a propaganda espalhafatosa e todas as revistas, a verdade é que o casamento já não é mais a regra geral em grande parte do mundo ocidental. Nos Estados Unidos o número de casamentos caiu de 9,8 a cada mil habitantes, em 1990, para 7,4, em 2004. Declínio semelhante também foi verificado na Europa. Em 1970, o índice nos 25 países da União Européia era de 7,9 por mil; em 2004, foi de apenas 4,8. Nessas culturas progressistas, hoje em dia não existe mais o estigma em ficar junto sem formalizar a relação, e ninguém desaprova se o casal criar seus filhos fora do matrimônio tradicional. Nos Estados Unidos os números mais recentes mostram que 37% dos nascimentos são de filhos de mulheres solteiras, metade das quais vive junto com o parceiro.

Abridor de bocas

Para aqueles que ainda querem se casar à moda antiga e subir ao altar ou realizar o ritual do fogo sagrado, as tradições estão à disposição — é pegar ou largar. Em muitas culturas, o noivo deve pedir ao futuro sogro a mão da noiva em casamento, formalidade que hoje em dia no Reino Unido se resume a pagar para o velho uma cerveja no *pub* — certamente sem esperar ouvir "não" como resposta.

Na África subsaariana, entretanto, o homem não apenas deve pedir a mão da noiva ao sogro, mas também compensá-lo pela perda da filha com um pagamento conhecido como *lobola* (em Botsuana, é *bogadi*). Nas partes rurais o pagamento é feito em cabeças de gado, e varia de quatro a doze vacas (às vezes, em vez de dar o gado, o noivo pode construir uma cabana para o sogro). Os casais urbanos que ainda seguem o costume do *lobola* trocam os animais pelo pagamento em dinheiro, e o valor da noiva quase sempre é objeto de longas negociações entre as famílias. Para suavizar o processo, uma garrafa de um conhaque conhecido como *mvulamlolo* ("o abridor de bocas") pode ser colocada na mesa, entre as duas partes, como gesto simbólico; na maioria das vezes, ninguém bebe.

Assassinatos na cozinha

Na Índia, ao contrário, tradicionalmente a noiva traz consigo um dote, o que pode causar problemas sérios se for considerado inadequado pelos parentes do noivo; alguns chegaram inclusive a matar as futuras esposas que haviam trazido dinheiro insuficiente. Atualmente os dotes são ilegais, mas o costume continua sendo praticado, assim como continuam ocorrendo, tragicamente, os "assassinatos na cozinha" (um a cada cem minutos, de acordo com estatísticas indianas), por meio dos quais as noivas com dotes minguados sofrem mortes misteriosas nas mãos de seus novos parentes, geralmente vitimadas por um "acidente na cozinha".

O tema é bastante problemático na Índia e está relacionado às complexidades da manutenção da *izzat* ("honra familiar"); para não ferir suscetibilidades, o melhor que os visitantes têm a fazer é nem sequer mencionar o assunto.

Semi-arranjado

Antigamente os casamentos muçulmanos e hindus eram inteiramente arranjados: noiva e noivo eram quase sempre completos desconhecidos e só se viam pela primeira vez durante a cerimônia. Hoje em dia, especialmente com a diáspora asiática, grande parte dos casamentos arranjados é fruto do serviço de encontro e namoro organizado pelos pais. As pessoas agora falam em "casamento semi-arranjado", ou "apresentação arranjada". Com o consentimento do potencial noivo ou noiva, muitos pais colocam anúncios em jornais ou examinam cuidadosamente *sites* da internet especializados, tudo em nome dos filhos. Depois selecionam as melhores opções e os pares mais adequados, com base em critérios que incluem casta, família, riqueza e aparência. A partir daí é possível arranjar um encontro entre os dois pombinhos, com a presença dos pais, ou, nas famílias mais liberais, com damas de companhia presentes. Pode ser até que o casal receba permissão para um encontro ou caminhada a sós. Mesmo nos casos mais tradicionais, em que a noiva e o noivo só se encontrarão no dia do casamento, é provável que, até lá, já tenham trocado currículos, fotos e *e-mails* e conversado ao telefone. Na outra ponta, vale tudo — até casamentos entre pessoas de religiões e raças diferentes.

Honorável encontro de visualização

No Japão, uma forma menos rígida de apresentação arranjada oferecia aos jovens uma oportunidade de conhecer suas possíveis carasmetades. O *omiai* ("honorável encontro de visualização") era uma forma de encontro às escuras em que um homem e uma mulher de idade propícia para o casamento se conheciam graças à intervenção de um *nakodo* ("casamenteiro"). Esse intermediário conhecia os dois e não apenas os apresentava como também continuava envolvido se as coisas dessem certo: fazia um discurso na cerimônia de casamento e distribuía conselhos quando surgia qualquer tipo de problema conjugal.

Se você estiver à procura de um novo amor no Japão de hoje, vai descobrir que a tradição *omiai* continua, se bem que de maneira mais informal. Os amigos e parentes podem sugerir alguém em particular de quem uma pessoa solteira poderia gostar. O próximo passo é a troca de fotografias; se os dois lados gostarem do que virem, será providenciado um encontro, num hotel ou outro local público. Os pais e mediadores estarão presentes, só até que as apresentações sejam feitas e o casal descubra um pouco mais um sobre o outro. É o momento em que pode haver a troca de currículos. Depois ambos são deixados a sós, para conversar. Se tudo correr bem, haverá mais encontros; mas a decisão final — tocar o barco adiante ou abandonar o navio — permanece firmemente nas mãos do casal.

O *omiai* moderno pode até ser arranjado por empresas: ou as firmas normais em que ele e ela trabalham ou empresas especializadas, as *kekkon sodanjo* "(agências de consultoria de casamentos"), equivalentes às agências de namoro e casamento ocidentais.

Schmuching

O Talmude afirma que o homem não pode se casar com a mulher sem vê-la primeiro. Mesmo assim, entre os judeus ortodoxos, o namoro ou os encontros com pessoas do outro sexo limitam-se basicamente à procura de alguém para casar. Um *shidduch* ("casamento", "par", "dupla") pode começar com a sugestão de um *shadchan* — uma pessoa da comunidade cujo ofício é atuar como casamenteiro, e que espera ser paga caso o *shidduch* seja bem-sucedido. Os parceiros sugeridos serão estudados pela família e os amigos, que farão perguntas sobre seu caráter, suas perspectivas de vida e seu grau de observância religiosa. Caso tudo seja satisfatório, o casal vai se conhecer pessoalmente, ocasião que deve ser inteiramente desprovida de *schmuching* ("carinhos", "carícias", "beijos") ou qualquer coisa que possa levar ao envolvimento emocional. Se tudo correr bem, os passos seguintes são o noivado e o casamento. O *shidduch* sempre foi alvo de piadas na comunidade judaica, mas, nos dias de hoje, marcados por tantos relacionamentos fracassados, a popularidade da prática vem ganhando novo fôlego.

Golfe, hena, louças

Festas para celebrar o casamento vindouro são comuns em muitas culturas, e em geral são ocasiões reservadas para amigos do mesmo sexo. No Reino Unido, a despedida de solteira pode durar um fim de semana inteiro e envolve todo tipo de coisa, de um torneio de golfe na Irlanda a sessões de tiro com fuzis AK-47 (sem munição de verdade) na Estônia. A "noite das mulheres", embora seja um costume de invenção mais recente, pode ser bem mais frenética e licenciosa, contando com a presença de *strippers* masculinos, jogos com brindes maliciosos e novidades picantes.

Na Índia as coisas são mais calmas. Uma noiva hindu passa a noite com as amigas, pintando desenhos tradicionais de hena nas mãos (e às vezes nos pés), para um evento conhecido como *mehndi*; às vezes um artista profissional de hena (*mehndiwali*) é contratado. Se você for convidada para essa festa, use uma saia longa verde ou alaranjada, com um xale para cobrir os braços nus. Uma alternativa é usar um sari, se você tiver um e se sentir confortável — as outras mulheres estarão elegantemente vestidas, com trajes tradicionais. Esteja preparada para muita música e dança.

Os alemães misturam os sexos em sua noite de bota-fora, a *Polterabend* ("a noite de muita porcelana quebrada"). Se você for convidado para uma dessas celebrações, sinta-se à vontade para levar um ou dois pratos velhos. Os amigos e parentes dos noivos farão o mesmo; a louça é despedaçada no chão em frente ao noivo e à noiva, e o resultado é descrito no velho provérbio alemão "*Sherben bringen Glück*" ("Louça quebrada traz sorte").

13

E a noiva usava...

O grande dia e suas conseqüências

Se você tiver a sorte de assistir a uma cerimônia de casamento num país estrangeiro — quem sabe até como um dos participantes —, naturalmente vai se preparar para as mais exóticas diferenças, desde as voltas em redor do fogo sagrado nas culturas hinduístas até os obstáculos de brincadeira na França e em Cingapura. Porém, o que pode realmente surpreendê-lo são as muitas semelhanças, desde os rituais de amarração das mãos às travessuras de fim de festa.

Branco e vermelho

Nas culturas ocidentais, a noiva tradicionalmente usa branco, símbolo da pureza (o véu representa a virgindade). Hoje em dia, em que tanto o noivo quanto a noiva podem estar calejados pelos muitos anos vivendo juntos, além de se saber que ambos tiveram inúmeros relacionamentos anteriores, outras cores podem ganhar a preferência — embora o branco, ou pelo menos a cor creme, ainda continuem sendo duradouramente populares.

Atualmente, os vestidos brancos de "estilo cristão" também são os preferidos no Japão; o visual da cerimônia deve ser o mais parecido possível com uma capela européia, e a cerimônia pode ser oficiada por um "padre" de aparência européia (não é necessário ter freqüentado um seminário ou mesmo possuir crença religiosa; cuidado para não ser enganado!). Por outro lado, nas cerimônias xintoístas, mais tradicionais, a noiva japonesa usará um quimono de casamento branco ou de cores misturadas — particularmente feliz é a combinação de branco com vermelho. O rosto dela receberá pesada maquiagem branca. Sobre o elaborado penteado, ela usará um grande *tsuno-kakushi* ("ocultador de chifres"), cujo intuito é esconder os diabólicos chifres do ciúme, que inevitavelmente vão aparecer mais tarde, em algum momento da vida de casados. Os convidados do sexo masculino usam terno preto, camisa e gravata brancas, enquanto as convidadas podem usar quimono ou traje formal.

Na China, a noiva usa vermelho, cor da celebração e boa sorte, complementada por um véu vermelho. No norte da Índia, usa um sari nupcial, e nos países muçulmanos, um *ghararas* (túnica e calças com pregas) vermelho. As únicas outras mulheres que podem usar vermelho são as recém-casadas; portanto, se você for convidada, evite essa cor; o branco, para ambos os sexos, é exclusivamente associado a funerais.

11h43 da sorte

Na Tailândia, é costume consultar um astrólogo para garantir que o casamento seja realizado na hora mais auspiciosa do dia mais auspicioso. Geralmente os astrólogos dizem a hora exata em que a cerimônia deve começar, o que explica a razão pela qual os casamentos tailandeses começam em horários bizarros, tais como 11h43 da manhã ou 3h52 da tarde. Os convidados não precisam se preocupar com isso. Chegue cedo se você quiser assistir ao desfile até a casa da noiva ou à cerimônia da água sagrada. Mas, se não chegar na hora à recepção, ninguém vai ligar muito — você estará em boa companhia: metade dos outros convidados também chegará atrasada.

Aspectos do amor

Em 2003, na Índia, astrólogos decretaram que as posições planetárias entre julho e outubro eram desastrosas, e o resultado foi que naqueles meses praticamente não houve casamentos; como resultado, a indústria casamenteira sofreu um sério baque. Ao final de novembro, porém, resolveu-se que os planetas haviam voltado a uma combinação auspiciosa. Nos dias 27, 28 e 29 de novembro, houve 14 mil casamentos por dia só em Nova Delhi. Os salões de banquetes, que tinham ficado tanto tempo vazios, agora estavam lotados, e houve uma dramática falta de bandas, sacerdotes e animais (cavalos, camelos e elefantes) que fazem parte das cerimônias. A confusão repetiu-se em 2006, quando, apenas na noite de 13 de dezembro, 30 mil casamentos foram celebrados.

Lá vem o noivo

Na maior parte do mundo, o noivo espera, de pé, a noiva, que tradicionalmente chega atrasada o bastante para retardar a cerimônia. Porém, se você assistir a um casamento em El Salvador, não fique alarmado se a cerimônia começar sem a noiva. Isso é normal. Quando ela finalmente entra na igreja, a congregação passa subitamente a entoar a canção nupcial.

Nos casamentos hindus, ao contrário, é a noiva que espera o noivo e sua trupe, que chegam em procissão, a pé, a cavalo, ou até mesmo — segundo manda o clichê — de elefante. Se, porventura, um dia você vier a estar nessa invejável posição, lembre-se de levar uma guirlanda para sua noiva e um coco para a mãe dela.

Dando o nó

Na maior parte das cerimônias de casamento, há gestos simbólicos para representar o término da vida de solteiros e o início de uma nova vida em comum. Na Colômbia, o noivo e a noiva pegam cada um uma vela, e com elas acendem juntos uma outra, nova. Numa cerimônia judaica, o casal bebe da mesma taça. No Japão, os noivos trocam taças de *Mike* (saquê sagrado), numa cerimônia chamada *san-san-kudo* ("três-três-nove vezes"), na qual se utilizam três taças de tamanhos pequeno, médio e grande.

No México, o noivo e a noiva são unidos por uma corda. A tradição cambojana manda que cada convidado amarre um barbante nos pulsos do casal; já nos casamentos gregos e tailandeses, o casal usa coroas unidas por uma fita. Na Escócia, os casamentos célticos tradicionais incluem o ritual de "amarração das mãos", no qual as mãos do noivo e da noiva são atadas juntas. Nos casamentos da tradição parse, o sacerdote coloca a mão direita da noiva na mão direita do noivo e as amarra sete vezes; nos casamentos hindus, as mãos do casal são amarradas com linha sagrada, enquanto ambos rezam juntos, pedindo felicidade e força por toda a vida.

E agora, o noivo pode beijar a noiva

Nas cerimônias ocidentais, tradicionalmente o noivo e a noiva se beijam depois de fazer os votos. Hoje em dia a praxe é um ardente e demorado beijo de língua, geralmente aplaudido pela congregação. Numa cerimônia hindu, essa franca demonstração de intimidade seria considerada um exagero. Um beijinho ligeiro e recatado no rosto já está de bom tamanho, após o *saptapadi* (sete últimos degraus, onde os votos são feitos), mas até mesmo isso iria chocar os membros mais velhos da congregação. Também em alguns casamentos muçulmanos mais recentes, o hábito de um beijo casto do noivo na noiva vem sendo sorrateiramente introduzido, mas sem dúvida seria desaprovado pelos tradicionalistas.

O próximo da fila

No México, antes de deixar a igreja, a noiva deposita seu buquê em frente à imagem da Virgem Maria. Nas cerimônias cristãs de quase todos os outros países do mundo, a noiva leva consigo o buquê, e, após o serviço religioso, joga-o por cima do ombro para suas amigas, que estão reunidas esperando a lembrança. Aquela que pegar o buquê será a próxima a se casar. Uma variante desse costume pode ser encontrada na Turquia, onde as amigas da noiva escrevem o nome nos sapatos dela antes do casamento. O nome que apagar primeiro ao final da cerimônia será da próxima a se casar. Na Espanha, há uma chance para os amigos do noivo: basta cortar um pedaço da gravata para ser o próximo da fila a chegar ao altar. No caso de um visitante, talvez fosse tolo ser o primeiro a pegar a tesoura.

O manda-chuva

No mundo todo há numerosas superstições que cercam o dia do casamento. Na Itália, se chover, a noiva será afortunada e feliz (um prêmio de consolação, talvez, para o dia arruinado). Na Coréia, se o noivo sorrir muito durante a cerimônia, o primeiro filho do casal será uma menina. Num casamento hindu, o primeiro a sentar-se depois que o noivo e a noiva tiverem dado quatro voltas ao redor do fogo supostamente será o manda-chuva no casamento.

Não tão rápido

Obstáculos de brincadeira são outra característica esquisita do dia do casamento. Em Cingapura, o tradicional preparador-esteticista da noiva, conhecido como *mak andam*, acompanhado de membros da família dela, pedirá que o noivo pague uma "taxa de entrada" para ver sua futura esposa, que acabou de ser embelezada e empetecada. Nos vilarejos franceses, as crianças bloqueiam o caminho dos noivos até o altar com fitas. No Japão, uma corda de palha pode ser usada para "seqüestrar a noiva, mantê-la como refém e exigir pagamento de resgate".

Pulando a vassoura

Em alguns setores da sociedade afro-americana, há um costume em que o noivo e a noiva pulam uma vassoura ricamente enfeitada. Depois, ela pode ser pendurada na parede da casa dos recém-casados.

Há muita controvérsia acerca tanto do costume quanto de suas origens. Sem dúvida, outrora pular a vassoura era gesto simbólico que servia para representar a cerimônia de casamento dos escravos, que não tinham permissão para se casar da maneira tradicional. Ainda há debates sobre se é melhor abandonar o costume, já que carrega conotações escravistas, ou, pelo contrário, mantê-lo, como elemento de valorização da cultura negra e reforço da identidade africana. Muitos acreditam que o costume tenha se originado na África ocidental, onde a vassoura era objeto de significado espiritual entre o povo asante, já que varria para longe os maus espíritos e as más ações. Outros, porém, vêem associações com os odiados donos de escravos irlandeses e escoceses, pois "pular a vassoura" também é uma antiga tradição celta.

Patos mandarins

Hoje em dia, gravar o evento para a posteridade é quase tão importante quanto o evento em si. Nas cerimônias inglesas, o trabalho de um fotógrafo exageradamente zeloso, esmerando-se em tirar os retratos em grupo, pode retardar a recepção por horas a fio. Na Itália, o processo é formalizado com uma "hora do coquetel" reservada no início da recepção durante a qual a festa fica longe das câmeras enquanto os demais convidados se divertem. Na China, os recém-casados vão a um parque antes da festa da noite e lá é filmado: diante da câmera, o noivo e a noiva trocam um lenço novo, idealmente vermelho e com desenhos de patos mandarins, famosos pela monogamia.

Tenha muita cautela ao tirar fotos durante o serviço religioso propriamente dito, o que é sempre desaprovado e malvisto pelos membros mais devotos da congregação, isso se não for proibido pelo sacerdote. Mas, depois, uma festa de casamento é uma ocasião em que tirar fotos indiscriminadamente é sempre uma prática entusiasticamente bem recebida e desejável no mundo todo.

Tomando conta

O momento de cortar o bolo na recepção é um ritual universal. Quando o novo casal começa a andar na direção da mesa, os convidados abrem caminho e ficam em silêncio. O noivo segura a mão da noiva e os dois enfiam a faca juntos no bolo e fazem pedidos secretos. Na Arábia Saudita, quando a primeira fatia é cortada, o noivo a segura e oferece para que a noiva prove; depois a noiva corta uma fatia e a segura para que o noivo a experimente, e os convidados aplaudem. Essas ações simbolizam o fato de que o noivo e a noiva começaram a tomar conta um do outro.

Encômio

Durante as celebrações de casamento, em certo momento haverá discursos. Nos Estados Unidos, geralmente isso acontece no "jantar de ensaio", na noite anterior ao casamento, quando os parentes e amigos da noiva e do noivo rivalizam para ver quem consegue dizer coisas mais elogiosas e carinhosas sobre os noivos, especialmente sobre quanto (a) são perfeitos; e (b) são perfeitos um para o outro. Na hora do encômio, críticas e gracejos não são desejáveis.

A maioria dos discursos, porém, acontece na recepção. A Austrália e a Nova Zelândia seguem a bizarra tradição do Reino Unido, em que, depois que o pai da noiva faz um discurso (quase sempre desconexo, de tão emotivo) em louvor da filha, e o noivo (e, hoje em dia, às vezes a noiva) agradece a todos os presentes, o padrinho deixa o noivo constrangido relatando episódios infames de seu passado de solteiro. Na Alemanha, de maneira mais construtiva, o pai do noivo e o pai da noiva se juntam para elogiar os pombinhos, e todos podem participar. Nas recepções japonesas, igualmente, há numerosos brindes e discursos de congratulação.

Hong bao

Quase todos os casamentos envolvem o oferecimento de presentes aos noivos por parte dos pais e convidados. Na China, os anciãos da família dão a eles envelopes vermelhos (*hong bao*) contendo dinheiro, durante a cerimônia do chá, que é o clímax do dia de casamento. Nas Filipinas, a noiva dança sob uma chuva de dinheiro de papel, enquanto as comunidades mexicana e hispânica nos Estados Unidos têm a “dança do dólar”, na qual os convidados pagam para dançar com o noivo e a noiva pregando dinheiro neles, geralmente numa fita ou cordão especial. O presente tradicional num casamento hindu também é dinheiro; na Índia, se você optar por esse caminho, certifique-se de que seu presente em dinheiro seja em um número auspicioso de cédulas — terminando em 1.

Também num casamento japonês o dinheiro é o presente certo. As notas devem ser novas, não podem ser dobradas e são colocadas com a efígie para cima num envelope especial chamado *shugibukuro*, que pode ser comprado em papelarias. Você pode dar qualquer valor entre 10 mil a 100 mil ienes (mas não quarenta, nem sessenta nem 90 mil), dependendo do seu relacionamento e grau de proximidade com o noivo e a noiva; a qualidade do seu envelope reflete a quantia em dinheiro dentro dele. Você escreve seu nome na parte de baixo da frente do envelope e o coloca num pano quadrado (semelhante a um lenço) púrpura ou vermelho, chamado *fukusa*.

Não fique surpreso se também receber um presentinho. Na terra dos presentes infinitos, espera-se que os noivos retribuam a sua generosidade. De duas, uma: ou você recebe um catálogo especial ao final da recepção, no qual poderá escolher o presente de sua preferência, e que depois será enviado, ou, quando você estiver indo embora, ganhará uma trouxinha com algo mais substancial, o *hikidemono* ("presente de retribuição").

Num patrocínio de...

Nas Filipinas, muitas das despesas da festa de casamento — das velas às flores, da decoração ao vestido da noiva e à recepção — são patrocinadas por terceiros. Se você for convidado para ser o patrocinador de um casamento, saiba que é uma grande honra, semelhante a ser chamado para madrinha ou padrinho.

Travessuras hilárias

A "escapada" dos recém-casados oferece terreno fértil para pegadinhas e brincadeiras. No Reino Unido, obviamente, porteiros e outros desocupados e desocupadas podem decorar o carro com frases escritas com espuma de barbear, antes de amarrar nos pára-choques latas vazias e outros barulhentos e divertidos apetrechos. Na Arábia Saudita, os amigos do noivo vão ainda mais longe na tentativa de frustrar a partida do casal feliz: quando o mais novo marido está prestes a ir embora com a noiva, os amigos o seqüestram e o levam para um piquenique no deserto, que pode durar dois ou três dias. Na França, há a velha tradição da *chiverie*, em que após a recepção os recém-casados são submetidos a todo tipo de travessura: a porta do quarto nupcial pode estar fechada com pregos; na cama pode haver mel ou cardo; nas molas da cama podem ter sido amarrados sininhos. Alternativamente, os convidados podem se reunir junto à porta do quarto dos recém-casados e bater potes e panelas, com a exigência de que querem entrar para mais uma rodada de drinques.

Bruja

Onde quer que você esteja no mundo, é sempre bom lembrar da pessoa universalmente mais importante na festa de casamento: a mãe da noiva. É o grande dia dela, e não se esqueça disso. Se você ficar confuso (ou confusa) sobre os preparativos, os arranjos, o protocolo, os brindes, os presentes, o cerimonial, o melhor e mais fácil a fazer é consultar aquela que os falantes de espanhol chamam, maldosamente, de *bruja* ("bruxa", mas também "sogra"). Ela *não pode* estar errada.

Um pouco mais tarde. Ou às vezes mais cedo...

Chá-de-bebê

Em Malta, segundo a tradição, se chover muito no dia do seu casamento, você terá um parto tranqüilo de seu primogênito. Para garantir o resultado, muitas noivas da ilha deliberadamente escolhem os dias do outono para contrair núpcias, em particular o Dia de Santa Úrsula (21 de outubro), o Dia de Santa Catarina (23 novembro) e o Dia de Santa Luzia (13 de dezembro).

Os norte-americanos, ao contrário, são tão confiantes acerca do resultado que já celebram o nascimento antes, com um chá-de-bebê, evento em que os amigos da futura mamãe se reúnem para uma festinha e a inundam de presentes, para ela e para seu pequenino. Se você for convidada para um desses eventos, pode levar qualquer coisa, de uma bacia ou banheirinha a sapatinhos de lã. Mas, em muitas outras culturas, particularmente na África e no Oriente, uma celebração como essa seria considerada como uma provocação ao destino, e oferecer à mãe um presente para o bebê antes do nascimento seria visto como uma coisa completamente errada a se fazer.

Só visitando

O povo akan, de Gana, não dá nome a seus bebês antes dos sete primeiros dias de vida da criança. O recém-nascido, acreditam eles, pode ser apenas um espírito que veio dar uma olhada no mundo antes de retornar a seus domínios. Por isso, a mãe e a criança são mantidas dentro de casa, de resguardo, e na primeira semana o bebê não desperta nenhuma comoção. Se a criança morre, ninguém fica de luto. Depois de sete dias, porém, o pequenino indivíduo claramente veio para ficar. Agora já pode haver a cerimônia de nomeação do bebê, ou Edin Toa, envolvendo um sacerdote, padrinhos e membros da comunidade.

Corte limpo

Os judeus esperam oito dias após o nascimento para fazer a circuncisão de seus bebês do sexo masculino. O recém-nascido é levado a uma sala em que parentes, um rabino e várias figuras cerimoniais estão à espera. Todos ficam de pé e dizem "*Baruch Haba*" ("Bem-vindo"; literalmente, "Bem-vindo seja o que chega").

Agora o *mohel*, o circuncidador ritual, assume o comando. Em seus primórdios, o *mohel* era sempre um açougueiro, e as circuncisões eram realizadas de manhã, quando suas facas ainda estavam limpas; hoje em dia é mais provável que seja um médico. Depois das primeiras bênçãos em grupo, o *mohel* recita uma oração, em seguida diz "*kvatter*", momento em que a mãe entrega o bebê à "*kvatterin*" ("madrinha"), que por sua vez o dá ao "*kvatter*" ("padrinho"), que o entrega ao *mohel*, que o coloca no colo do *sandak* ou *sandek*, o homem escolhido para segurar o menino durante a circuncisão.

Há outras bênçãos durante a circuncisão propriamente dita, após a qual o *mohel* segura um copo de vinho e recita outra bênção, durante a qual o nome do menino é proclamado. A seguir o *mohel* coloca uma gota de vinho na boca da criança (geralmente mergulhando um pedaço de algodão no vinho e fazendo o bebê sugá-lo), diz as bênçãos restantes e a cerimônia é encerrada. Tome cuidado com o lugar em que você se senta; não são raros os relatos de homens corajosos e viris que desmaiaram ao assistir muito de perto à cerimônia.

Corte de cabelo

Você nunca vai errar dizendo aos pais que o bebezinho deles é lindo, mesmo que na verdade ele se pareça com Winston Churchill de ressaca. Porém, as sugestões de que o pequerrucho precisa aparar as madeixas devem ser feitas com cautela. Em muitas culturas o primeiro corte de cabelo é carregado de significação. Em países como Turquia, Armênia, Síria e Irã, a comunidade islâmica dos *yazidis* costuma cortar os primeiros cachos depois de sete meses, numa cerimônia chamada *bisk*. Os afro-americanos têm a tradição de cortar o cabelo da criança pela primeira vez perto do primeiro aniversário, assim como os ucranianos, num costume chamado *postryzhennya*. Os judeus chassídicos esperam até que a criança faça três anos de idade, quando o primeiro corte é feito numa cerimônia chamada *upsherenish* ("cortar fora"). Para os hindus, o primeiro corte de cabelo, conhecido como *choula*, faz parte de uma série de rituais de purificação, e é particularmente importante, pois o cabelo do nascimento é associado a características desagradáveis de vidas passadas. A *choula* acontece no primeiro ou terceiro ano do menino, e muitas famílias viajam para templos importantes para realizar a cerimônia.

Cegando o Diabo

Na Grécia, quando você vir pela primeira vez o filho recém-nascido de um amigo, diga "*Na sas zísi*" ("Que ele viva para você") ou "*Zoí na éhi*" ("Que ele seja forte com a vida"). Como preâmbulo antes de dizer essa expressão, algumas pessoas fazem um som de cuspir, repetido três vezes. Supostamente o gesto serve para cegar o Diabo e evitar o mau-olhado que aflige, entre tantas mães do mundo, as mexicanas (ver o item "Mau-olhado", capítulo 2).

Agusto

No Reino Unido e nos Estados Unidos, os bebês dormem sozinhos desde o início, mesmo que seja num berço no quarto dos pais. Não é assim em muitas partes do mundo, do Japão à África, onde as pessoas considerariam que não ter uma criança pequena na cama beira a negligência. Os latino-americanos têm uma palavra para descrever o sentimento que surge dessa intimidade tão precoce: *agusto* — a proximidade sentida no aconchegar-se a um parente.

Visto, mas não ouvido

As atitudes quanto à criação dos filhos pequenos variam amplamente ao redor do globo. Nos Países Baixos, as crianças são incentivadas a ser pessoinhas independentes desde muito cedo, expressando suas opiniões e chamando os pais pelo nome. Não é assim nas Filipinas, onde delas se espera que fiquem sentadas em silêncio e não interrompam os adultos. Nessa parte do mundo os pais devem se desculpar e tomar providências imediatas sobre o mau comportamento dos filhos, ou levá-los para fora.

En famille

Os franceses continuam aferrados à idéia de que as crianças devem ser "bem-educadas" ("*bien élevé*"). Se seu *enfant* se comportar de maneira grosseira, estúpida, insossa ou rude, a *maman* não hesitará em chamar sua atenção. Os filhos e filhas devem fazer as refeições à mesa, com a família, na hora certa, e seguramente vão ganhar uma reprimenda se não fizerem a cama ou se deixarem o quarto bagunçado. As crianças que forem fazer intercâmbio na França devem estar preparadas para o fato de que lá o *papa* ainda canta de galo e pode ser consideravelmente mais autoritário do que elas estão acostumadas em sua terra natal.

Interferência de estrangeiros

Se você visitar a China acompanhado de seus filhos pequenos, é provável que eles se tornem o centro das atenções, especialmente se forem loiros ou ruivos. Na Rússia, não se surpreenda se um completo desconhecido se aproximar de você com uma sonora bronca sobre o jeito com que você está cuidando da criança. Se estiver frio, por exemplo, e o menino ou menina não estiver usando um casaco ou gorro, você pode ser chamado de irresponsável, em termos incertos, mas não exatamente lisonjeiros. Esse tipo de interferência é bastante comum e não deve ser levado ao pé da letra.

Sextas-feiras de solteiro

Quando se pegam com as mãos ensaboadas lavando a louça ou fraldas, muitos homens podem se arrepender de ter casado, lamentando a perda dos dias alegres e despreocupados na companhia dos amigos. Isso não acontece na Bolívia, onde os homens casados desfrutam regulares *viernes de soltero* ("sextas-feiras de solteiro"), quando saem para beber e jantar sem a esposa. Além de conversar sobre *fútbol* (futebol, uma obsessão nacional), os desimpedidos *hombres* jogam *cacho*, um jogo de dados, ou *sapo*, no qual tentam acertar dentro da boca de um receptáculo em formato de sapo pequenos pedaços de metal.

Cinq à sept

Na França, tudo é altamente sofisticado: comida, vinho, conversas e, é claro, a fidelidade sexual. Num casamento francês de muitos anos, "pular a cerca" não é a regra, mas, caso aconteça, não há escândalo, e a questão é tratada com discrição. Entende-se que um caso amoroso extraconjugal é "*cinq à sept*" ("das cinco às sete"). Ninguém permite que a infidelidade arruíne a vida do casal e destrua a família, como fazem os ciumentos anglo-saxões. Se praticado, o adultério deve ficar entre a hora de sair do trabalho e a de voltar para a esposa e os filhos para o jantar, servido pouco depois das sete.

Esposinha

Os homens tailandeses não são exatamente famosos pela fidelidade às esposas. Além de amiúde fazer bom uso de certas instalações de seu país adequadas para seus propósitos, alguns tailandeses mais ricos mantêm uma *mai noi*, ou "esposinha", numa casa separada. Em certos círculos sociais, ter uma *mai noi* atraente é considerado um símbolo de status, e alguns homens podem ter até mais de uma.

Vou sobreviver

Hoje em dia, o divórcio é ilegal apenas em dois países do mundo: Malta e Filipinas. Depois de um longo período lidando com anulações de casamento espúrias (até o presidente teve que recorrer ao uso desse método), o Chile finalmente legalizou o divórcio em 2004.

Atualmente, o campeão mundial de divórcios — 5,3 casais a cada mil por ano, a taxa mais alta do planeta — é Aruba, ilha caribenha e território autônomo dos Países Baixos, que ironicamente faz propaganda de si mesma como um grande destino turístico casamenteiro, com o slogan *"Bombini to Aruba!"* ("Bem-vindos à Aruba!"). Em segundo lugar, com 4,8 divórcios anuais a cada mil casais, estão os Estados Unidos, onde o divórcio é tão comum e disseminado que existem até empresas que oferecem acessórios personalizados para a realização de "festa do divórcio", desde um falso grilhão (uma bola de ferro e corrente de plástico) a um boneco de plástico inflável numa lata. A festa de divórcio, dizem esses especialistas, deve ser encarada como um rito de passagem positivo. Assim, entre as coisas tipicamente norte-americanas permitidas na ocasião estão: cartões grosseiros; bolos decorados com enfeites obscenos; bebida alcoólica em quantidades industriais; exibições dos filmes *A Guerra do Roses* e *O Clube das Desquitadas*, performances no karaokê de músicas como "I Will Survive" ("Vou sobreviver", sucesso de 1978 de Gloria Gaynor e marco da era da discoteca) e "D.I.V.O.R.C.E." (sucesso de 1975 do cantor escocês Billy Connolly); queimar listas de todas as coisas horríveis que o seu ex tenha feito com você ou até mesmo a licença de casamento; jogos libertinos, garçons em trajes sumários, faixas e bexigas com frases como "Divorciada e Feliz" ou "Livre, Finalmente". Mas também há coisas terminantemente proibidas: queimar as fotos da cerimônia e da festa de casamento; telefonemas abusivos ou obscenos para o ex; qualquer coisa que implique agressão física contra o ex ou o carro dele; filmar o evento ou ficar com um homem bonito na própria noite da festa.

E os menores índices de divórcio? De maneira intrigante, a dona desse título é a Colômbia (pouco à frente de Belize, Líbia e República da Geórgia), com 0,2 a cada mil casais por ano. O clichê é o de que a Colômbia é um país famoso pelo tráfico de cocaína. Será este segredo de um casamento duradouro?

14

Sangomas a samsara

Doença, morte e além

Ficar doente numa viagem ao exterior nunca faz parte dos planos, e fazer a coisa certa pode não ser exatamente sua maior preocupação quando você estiver debruçado nos lençóis, olhando pela janela e encarando com expressão vazia o cruel dia de sol, e se perguntando o que pode ter deixado você nesta situação lamentável: terá sido o bode ao *curry*, a salada de manga verde ou aquele patê de tâmaras de gosto esquisito? Com sorte, o seguro está em dia, os números de telefone internacionais de emergência estão facilmente acessíveis na carteira ou passaporte, você tem um cartão de crédito desbloqueado e com limite disponível e há uma clínica por perto. Caso contrário, pode acabar descobrindo mais do que esperava sobre a sociedade que você está visitando.

Mas, mesmo que você nunca fique doente, vale a pena compreender que em muitas culturas a doença não é vista necessariamente como uma coisa unicamente física e tratável, ou pelo menos não pela combinação certa dos remédios certos...

Sangoma

Em muitas regiões da África, particularmente nas áreas rurais, o primeiro porto seguro a que os doentes locais recorrem é o *sangoma*, o "sacerdote-adivinho", que é consultado não apenas para sugerir a cura, mas, o que é mais importante, para dar sua opinião sobre quem ou o que causou a doença.

Os *sangomas* encontram respostas para essas perguntas controversas invocando a suas cabanas sagradas os espíritos dos ancestrais mortos, por meio de danças, cânticos, tambores e a queima de uma planta chamada *impheph*. O sacerdote pode entrar em transe e permitir que um único ancestral o possua, para que possa falar diretamente com o paciente. Às vezes os próprios pacientes são possuídos, e o ancestral fala por meio deles. De maneira mais prática, o *sangoma* pode providenciar *muti*, medicações à base de plantas ou animais, para ajudar a curar qualquer doença, desde problema de rins a impotência sexual. Os *sangomas* são vistos em mercados de toda a África, cercados de seus *muti* e colares de contas vermelhas, brancas e pretas. São, de longe, muito mais numerosos que os médicos de estilo ocidental, e as estimativas sugerem que os adivinhos são os primeiros a ser consultados por aproximadamente 80% das populações nativas.

Xamãs e *santeros*

Em toda a Ásia, dos *ghers* da Mongólia Exterior às cabanas de folhas de Arunachal Pradesh, os xamãs tradicionais formam um elo semelhante entre os espíritos ancestrais e a saúde ruim. No Camboja, esses curandeiros são conhecidos como *kru khmer*. Crenças semelhantes sobre as origens das doenças ainda são encontradas na América Latina: de Cuba ao Brasil, passando por Porto Rico, onde as pessoas depositam sua confiança no poder dos *santeros*, sacerdotes que vão apresentar o problema de uma doença em particular para um orixá especializado (os orixás são divindades equivalentes a santos).

Algumas culturas podem até mesmo reconhecer que os feiticeiros têm o poder de provocar doenças ou a morte com a ajuda do além. No Laos, as pessoas usam amuletos para se proteger desses magos, pois acreditam que eles tenham a capacidade de jogar feitiços e deslocar objetos. O mesmo tipo de convicção ainda vigora entre povos aborígines na Austrália e nas selvas da ilha de Nova Guiné, onde os homens malignos que lançam feitiços são conhecidos como *kakua*. Segundo a tradição, eles já foram mortos e comidos, portanto é apenas digerindo e excretando seu cérebro que se pode garantir que o mundo estará de fato livre de vez dessas almas malévolas.

Réplicas

Os mexicanos tradicionalistas atribuem as doenças a um desequilíbrio dos quatro humores ou fluidos corporais da medicina medieval: sangue, bile amarela, fleuma ou pituíta e bile negra ou atrabílis. Cada humor é quente ou frio, seco ou molhado, e a cura envolve a restauração do equilíbrio correto. Outros estranhos acessos e ataques repentinos, como a *envidia* ("inveja"), *susto* ("medo") ou *mal puesto* ("azar"), podem requerer tratamentos herbais por *curanderos* (curandeiros holísticos tradicionais), que usam massagens, *limpias* ("limpeza de purificação ritual"), ou orações para descobrir o problema. Outra maneira de ficar bom é colocar uma pequena réplica de metal — um *milagro* ("milagre") — da parte do corpo acometida pela doença junto às imagens de santos, num santuário especial. O *milagro* é geralmente feito de prata ou ouro, e seu uso é bastante difundido nos países de língua portuguesa e espanhola.

Conhecimento da vida

Para os indianos, a boa saúde ou a saúde ruim estão entremeadas no esquema cármico da vida — talvez haja uma razão para você estar doente. A cura prescrita será holística, levando em consideração o corpo, a mente e o espírito, e baseada no antigo sistema ayurveda ("conhecimento da vida", "sabedoria da vida", "ciência da vida"), ainda dominante no subcontinente. Quase todos os remédios são à base de ervas, mas a ayurveda é uma das poucas formas "tradicionais" de medicina a incorporar um sofisticado sistema de cirurgia (*saya-chikitsa*).

Qi

A medicina tradicional chinesa (MTC) é conhecida no Ocidente como "medicina alternativa". Porém, na China e em Taiwan, é parte corriqueira e bem estabelecida do sistema de saúde. A MTC se baseia no conceito filosófico de que a saúde do corpo humano deve ser cuidadosamente equilibrada, particularmente entre os elementos e princípios *yang* (masculino) e *yin* (feminino). A *qi* ("energia vital") do corpo também deve estar fluindo corretamente. A pulsação e a aparência da língua são ferramentas de diagnóstico fundamentais. Geralmente as curas envolvem acupuntura e ervas medicinais, com alguns ingredientes bastante improváveis, como osso de tigre e pênis de cervo, que, cozidos juntos, formam uma sopa escura cujo sabor, conforme pode atestar qualquer um que já tenha experimentado, pode variar do repulsivo ao absolutamente nojento. Certas comidas supostamente também possuem propriedades medicinais: acredita-se que a sopa de barbatana de tubarão, por exemplo, proteja contra o câncer.

Boa companhia

Quando a doença é muito grave e a pessoa morre, a duração de tempo que leva para ser enterrada varia consideravelmente ao redor do mundo. As culturas de países quentes geralmente enterram rápido seus mortos. Entre os judeus, o funeral pode ocorrer no mesmo dia do falecimento, e nunca deve demorar mais de duas noites após a morte. Embora sejam usados os serviços de agentes funerários, um grupo conhecido como *Chevra Kadisha* (sociedade funerária ou Irmandade Santa) se encarrega de lavar e preparar o corpo para o enterro. Por mais que isso demore, é importante que o cadáver nunca fique sozinho. O enterro rápido é crucial, porque o corpo deve permanecer intacto. Os judeus ortodoxos acreditam que quando o

Messias vier, os corpos dos justos e virtuosos serão ressuscitados no Reino Sagrado de Deus a ser estabelecido na Terra.

Num funeral judaico não é obrigatório usar roupas pretas. As pessoas de luto se reúnem do lado de fora do velório até que a *Chevra Kadisha* chegue trazendo o corpo, e só então entram e fazem as orações. A principal é o *kadish*, oração de louvor e agradecimento, geralmente iniciada pelo filho do morto. Depois de um elogio fúnebre do rabino, o corpo é levado para o cemitério e enterrado. De volta ao velório, é tradicional lavar as mãos; em seguida há mais orações.

Os membros da família permanecem de intenso luto por sete dias, dentro de casa, após o sepultamento. Se você for convidado para a casa da família nesse período, chegue na hora marcada, pois pode haver orações para o falecido, depois das quais os enlutados reunidos podem oferecer suas condolências à família. Levar comida ou bebida, para que a família não precise cozinhar nem preparar nada, também é tradicional.

Zaka

Em Israel, as ocorrências de ataques suicidas de homens-bomba ou mulheres-bomba são atendidas pela Zaka, grupo de paramédicos especialistas voluntários que chegam rapidamente à cena do desastre e usam técnicas modernas e altamente sofisticadas, incluindo exames de DNA*, para tentar remontar e recompor os corpos despedaçados, para que recebam um funeral adequado e permaneçam tão intactos quanto possível para a eventual ressurreição do Dia do Juízo Final. O corpo do terrorista é tratado com o mesmo respeito e recebe a mesma atenção que o das vítimas, pois julgar continuar sendo prerrogativa de Deus.*

Sem flores

Os muçulmanos também enterram seus mortos o mais rápido possível. Primeiro o cadáver é lavado de maneira especial — conhecida como *wudzu* — pelos familiares, antes de ser coberto por uma mortalha da cabeça aos pés e enrolado em duas camadas de lençol branco. O falecido é então levado a um lugar onde são feitas orações fúnebres; pode ser um local aberto, como uma rua ou pátio, e não necessariamente o interior da mesquita. O imã olha para o morto, que está deitado com os pés em direção à cidade sagrada de Meca, enquanto os fiéis se alinham atrás. Então o corpo é levado ao cemitério e enterrado.

Geralmente os muçulmanos são enterrados no lugar em que morrem, mesmo que estejam longe de casa. O corpo é baixado à cova, sem caixão, se isso for permitido pelas autoridades locais, voltado para Meca. A família e os amigos não podem erigir lápides nem são incentivados a levar flores. A cremação é proibida, assim como o luto excessivo. Os parentes pranteiam o morto por três dias; já a viúva põe luto por quatro meses e dez dias, período conhecido como *iddah*. Durante esse tempo ela não pode suar jóias, adornos ou roupas enfeitadas, mudar-se de casa ou entrar em negociações para um novo casamento.

Morte ao contrário

Nos rituais que se seguem à morte no Japão pode-se ver a razão pela qual certas ações são considerados tabus ao longo da vida. Pois tudo que gira em torno da morte é feito *sakasa goto* — ao contrário, de maneira invertida. Depois que o corpo é lavado (pela família enlutada) e seus orifícios são preenchidos com algodão, veste-se o *yukatabira* (quimono branco), cruzado com o lado direito sobre o esquerdo, maneira oposta à que os vivos usam habitualmente. Nos pés do morto, sandálias de palha, um tabu durante a vida. O corpo é colocado numa sala especial, com as palmas das mãos cruzadas sobre o peito, como se orando, a cabeça voltada para o norte, ou *kita-makura*: outra coisa proibida no mundo dos vivos.

Uma única varinha de incenso é queimada na beira da cama, junto a um castiçal e um arranjo de flores — geralmente o crisântemo, que nunca é dado em vida. Numa tigela, que o morto usou durante a vida, coloca-se arroz, no qual os *hashis* são fincados verticalmente — outro tabu para os vivos.

Depois da vigília e do funeral, que ocorrem ao longo dos dois dias seguintes, o corpo é cremado na presença da família; munidos de *hashis*, dois familiares vão tirando os restos (cinzas e ossos) e depositando-os numa urna: começando pelos pés e terminando na cabeça, a primeira pessoa pega os restos e passa para a outra, que os recebe com os pauzinhos e os deposita na caixinha especial; por esse motivo é que nunca se deve passar comida diretamente de seu *hashi* para o de outra pessoa. Os presentes trazidos pelos amigos, parentes e conhecidos de luto são chamados *koden* — em geral é dinheiro, entregue num envelope especial. A quantia em dinheiro reflete o relacionamento e o grau de proximidade entre o convidado e o falecido. Do forasteiro não se espera que traga *koden*.

Emotivos

Como muitos povos africanos, os aborígines waramungu, do nordeste da Austrália, acreditam em expressar seu luto. Em seus funerais, eles gritam, cortam-se nas coxas com cutiladas profundas até o músculo e retalham a cabeça com facas. Já entre os siques da Índia, o pesar exagerado e o show de emoção são desaconselhados. A morte, afinal de contas, é apenas o avanço da alma em sua jornada, partindo de Deus, passando através do universo criado e voltando para Deus. Geralmente os siques cremam seus entes queridos e não constroem monumentos.

Hora da visita

O respeito que os chineses têm pelos mais velhos se estende também aos mortos. No festival de Qing Ming, no terceiro dia do terceiro mês da primavera, as famílias visitam as sepulturas de seus ancestrais, para limpá-las e fazer oferendas de carne cozida, peixe, frutas e vinho. Depois fazem um piquenique, sentados junto aos túmulos, de maneira festiva e convival.

Pedras

Quando você visitar uma sepultura judaica, é tradição levar não flores, mas pedras. Todo ano, depois da morte, os parentes acendem uma *yahrzeit*, ou vela religiosa, e rezam um *kadish* de aniversário para o morto, o que se repete também no *Yom Kippur* (ver capítulo 15).

Revirando no túmulo

Em Madagascar, a religião local leva mais longe o culto aos ancestrais. Os povos merina e metsileo têm uma prática chamada famadihana ("revirar o mortos"), na qual os restos mortais dos parentes mortos são removidos do túmulo da família e reembrulhados em mortalhas de seda antes de "participar" de cerimônias festivas em sua honra, envolvendo cânticos, dança e desfile dos corpos; ao final os mortos são devolvidos aos túmulos.

Esposas ressuscitadas

Os cristãos devotos acreditam que as almas dos mortos seguem para a vida eterna — os virtuosos e justos juntam-se a Deus no Céu, e os pecadores e incrédulos são mandados para o Inferno. Alguns acreditam que isso acontece imediatamente após a morte, com um "julgamento particular" do Todo-Poderoso; outros, que as almas mortas dormem até o Juízo Final, quando o destino de todos será decidido.

A vida após a morte também é fundamental para os muçulmanos. A vida na Terra é vista como parte de uma jornada maior, bem como um teste; pois no Último Dia todas as almas que já viveram serão levadas diante de Alá para julgamento. Os tementes e os que levaram uma vida boa serão admitidos no Paraíso, caracterizado como um jardim, onde se sentarão "reclinados sobre almofadas forradas de brocado, tronos incrustados de ouro de felicidade, admirando-se uns aos outros, com amor". Jovens imortais os servirão "com taças, jarras e ânforas cheias de néctares provindos dos mananciais celestes, e também lhes servirão as frutas de sua predileção, e carne das aves que lhes apetecerem". Se também irão desfrutar a companhia das 72 virgens tão adoradas pela mídia ocidental, ainda é motivo de debates. Numa tradução bastante reputada do Alcorão, as companhias dos bons são suas esposas, "ressuscitadas como virgens, cheias de amor". (Alguns comentadores contestam a interpretação, alegando que a palavra *hur* deve ser traduzida do sírio — e não do árabe —, que significa "uva-passa", e não "virgem").

Paraíso na Terra

Embora o judaísmo coloque mais ênfase na vida na Terra do que o cristianismo e o islamismo, os judeus também acreditam que a alma humana é imortal e que sobreviverá ao corpo, indo para *Olam haba* (o mundo que virá). Na Terra, enquanto isso, os judeus devotos aguardam a chegada do Messias. Quando ele vier, todos os judeus regressarão à terra de Israel; o Templo Sagrado de Jerusalém será reconstruído; Israel viverá livre entre as nações. Deus derrotará os opressores da Terra Santa; a guerra, o ódio e a fome terminarão, e uma era de paz e prosperidade terá início, culminando na ressurreição dos mortos e num Reino do Paraíso na Terra.

Volte sempre

Os hindus acreditam num único Deus, Brama, o Supremo, mas não aguardam nenhum Paraíso divino ou sobrenatural. Em vez disso, crêem na reencarnação — *samsara* —, fluxo incessante de renascimentos pelo qual as almas retornam em novos corpos, humanos ou de animais, e em que o nível do retorno depende das ações realizadas nesta vida. Isso significa que a vida na Terra propriamente é uma vida após a morte de uma vida prévia; por isso, a condição dos que pertencem a uma casta inferior pode ser explicada pelas más ações cometidas numa vida anterior. Depois de muitas vidas, a alma individual pode ficar desiludida com a felicidade limitada oferecida pelos prazeres terrenos e buscar um espaço espiritual superior, ou *ananda*. Nesse ponto a alma cessa a perpétua repetição do nascimento e morte e atinge o *moshka*, ou salvação, que é objetivo último e supremo da alma individual.

Desapego

Os budistas também procuram a felicidade numa vida futura, e não num lugar futuro. Na ausência de um criador Todo-Poderoso, acreditam que o propósito da vida na Terra é ter compaixão por todos os seres vivos, sem discriminação, e trabalhar para o bem, a felicidade e a paz de todos eles. O propósito do indivíduo é aceitar as Quatro Nobres Verdades, que sustentam que: a vida significa sofrimento; o sofrimento vem do apego a coisas terrenas; é possível dar fim ao sofrimento evitando o apego, e a maneira de conseguir isso é seguir o Nobre Caminho Óctuplo: Visão ou Entendimento correto, Intenção ou Pensamento correto, Palavra ou Linguagem correta, Atividade ou Ação correta, Modo de vida correto, Esforço correto, Atenção correta e Concentração correta. Com tudo isso, um dia, possivelmente depois de muitas vidas, a alma individual pode chegar à Iluminação.

Terra pura

No Japão, a religião nativa xintoísta era tradicionalmente baseada na adoração da Natureza e das almas dos ancestrais mortos. *Kami* ("espíritos locais") eram guardiões como espíritos de um local em particular ou ligados a elementos da natureza: montanhas, ervas, árvores, vales, rios, mares, encruzilhadas, o Sol, a Lua, a tempestade, a chuva, vento, trovão, e assim por diante. Além da subserviência ao imperador, o xintoísmo tinha algumas doutrinas, restrições ou tabus, distinção entre o puro e o impuro. Não são conceitos contraditórios, como bem e mal, verdade e falsidade — pois o impuro pode se tornar puro.

Depois do ano 538, quando o budismo Mahayana chegou ao Japão, elementos da velha religião se combinaram facilmente aos novos. Para os budistas Mahayana, o mundo em que vivem os humanos é apenas um de seis estados do ser (o segundo mais elevado). Em sua próxima vida, você pode voltar como um espírito faminto, residente em *gaki*, o segundo reino mais baixo, um animal (o terceiro mais baixo), um ser humano, ou um deus (o nível mais alto). O julgamento leva 49 dias. Durante o serviço memorial *Shijuku Nichi Hoyu*, que ocorre ao final desse período, seu destino está decidido. Se você descer um ou dois níveis e tornar-se, digamos, um macaco, fazer as coisas certas passa a ser mais importante do que nunca.

15

Adeus, carne

Festas, dias santos e feriados

Qualquer que seja nossa crença, poucos duvidam de que a fé subjacente — ou duradoura — de um país alcança sua maior expressão social em suas festas, dias santos e feriados, com sua mistura bizarra de religião, tradição e superstição. Ver uma sociedade em estado de festividade e celebração também é uma maravilhosa maneira de entendê-la melhor. Você só começa realmente a se sentir mais do que um mero visitante depois de ver um bando de adolescentes correndo fantasiados pelas ruas de Jerusalém na festa do Purim ou sendo encharcados com água de baldes azuis no festival tailandês de Songkran...

Dia de Ano-Novo, Festa de São Basílio: 1° de janeiro

O tema da boa sorte e futura prosperidade é o que há de comum entre as numerosas cerimônias e festas do Dia de Ano-Novo. Os italianos dão laranjas aos amigos, familiares e vizinhos, enquanto no Brasil, quem comer lentilhas no primeiro dia do ano terá bastante dinheiro o ano inteiro. Na Suíça, os homens se vestem com folhas e nozes, como espíritos da floresta (ou *Klauses*), e saem cantando com voz tremida o seu tradicional "Iodelei" pelos vilarejos. Na Grécia, a Festa de São Basílio é mais importante para as crianças que o Natal. Elas deixam os sapatos junto à lareira, na esperança de ganhar os presentes que as crianças de outros países receberam uma semana antes.

Para os japoneses, o Ano-Novo — *Shogatsu* ou *Oshougatsu* — é o evento mais importante do calendário; as pessoas voltam para a cidade-natal a fim de passar alguns dias com a família. Tradicionalmente, os japoneses recebem *nengajo* ("cartões de Ano-Novo"), não apenas dos amigos e parentes, mas também do patrão, dos colegas de trabalho, restaurantes favoritos e assim por diante, pois o *nengajo* é visto como uma maneira importante de fazer amizade e cultivar os relacionamentos. Nas comunidades rurais, as pessoas rezam diante de sacos de arroz pedindo uma boa colheita ou na frente de figuras de peixes e redes feitos com papel branco, pedindo uma boa pesca.

Os convidados estrangeiros podem tomar parte da prática do *nengajo*, mas, por favor, tome cuidado com o *mochi*, o tradicional bolo de arroz socado, que pode grudar no céu da boca e sufocar você. Não é piada: todo ano, várias pessoas morrem no Japão, asfixiadas com o *mochi*.

Diga: "*Akemashite omedeto gozaimasu!*" — "Congratulações, o Ano-Novo chegou!".

Noite de Reis, Epifania, Dia de Reis: 6 de janeiro (cristãos)

Uma das três principais festas do cristianismo, juntamente com o Natal e a Páscoa, a Epifania celebra a manifestação de Jesus Cristo aos gentios — ou seja, o momento em que ele assume forma humana e dá-se a conhecer ao mundo —, e tradicionalmente marcava o início do Carnaval, antecedendo a Quaresma. A noite anterior é a Noite de Reis, ocasião em que se encerram para os católicos os festejos natalinos, e dia em que são desarmados os presépios e retirados todos os enfeites natalinos. Em alguns países latinos, especialmente os de cultura espanhola, o dia 6 de janeiro é o *Diá de los Reyes* (Dia de Reis) — mais importante para as crianças do que o próprio Natal, pois é quando os presentes são trocados. O dia seguinte, 7 de janeiro, é a Festa da Natividade, celebrada como Natal na Igreja Ortodoxa Oriental.

Terça-Feira Gorda, Dia da Panqueca, Mardi Gras, Carnaval: *5 de fevereiro** (cristãos)

No Reino Unido, o dia anterior à Quarta-Feira de Cinzas — a Terça-Feira de Carnaval — é conhecido como Dia da Panqueca. A razão para o nome é a seguinte: antigamente, no último dia antes do início da Quaresma, as pessoas tinham que usar todos os alimentos proibidos durante o jejum: açúcar, leite, farinha, gordura e ovos. E a panqueca era a melhor forma de aproveitar os ingredientes — por isso, em algumas áreas rurais, vilas e cidades pequenas onde as comunidades ainda organizam "corridas de panqueca", as pessoas ainda preparam de fato as panquecas. Na França, o dia é conhecido como Mardi Gras (Terça-Feira Gorda), e há celebrações em várias cidades dos Estados Unidos, notadamente Nova Orleans. No resto do mundo é o fim do Carnaval, cuja festa mais famosa é no Rio de Janeiro; "*Carne vale*" significa "Adeus, carne": os cristãos se despediam da carne na terça-feira, pois nos quarenta dias seguintes teriam que jejuar, fazer penitência e abster-se de carne, em preparação para a Páscoa.

* Os itálicos indicam que a data da festa varia de ano para ano. Todas as datas neste capítulo valem para 2008.

Nos países católicos romanos, o dia seguinte, a Quarta-Feira de Cinzas, é de contrição, reflexão, jejum e abstinência. Os ramos abençoados do Domingo de Ramos do ano anterior são queimados, e, na missa tradicionalmente celebrada nesse dia, o padre usa as cinzas para marcar uma cruz na testa de cada fiel.

Tet Nguyen Dan: *7 de fevereiro* (vietnamitas)

A festa mais popular do Vietnã, celebrada pelo menos desde 500 a.C., o Tet marca o início do Ano-Novo lunar e a chegada da primavera. O propósito do Tet é iniciar o ano de maneira adequada. Na véspera do festival, que dura três dias, as casas e sepulturas dos ancestrais são lavadas, e uma carne cerimonial é preparada. Um prato especial de arroz e carne em folhas de bananeira (*banh chung*) é deixado nos altares das casas, para que os ancestrais mortos também possam desfrutar o dia santo. No altar há duas velas vermelhas, uma para o sol e uma para a lua, enquanto o incenso representa as estrelas. O Tet é uma época de pagar dívidas, resolver conflitos nos relacionamentos e, em geral, seguir em frente. As pessoas usam roupas novas, há bombinhas e fogos de artifício, corridas, concursos e danças, incluindo a tradicional dança do dragão. Muitos vietnamitas acreditam que lavar o cabelo ou tomar banho durante o Tet leva embora toda a sorte do ano vindouro. Os pais não devem repreender os filhos pequenos, e as crianças não podem chorar. Os mais velhos dão dinheiro para seus filhos solteiros, em envelopes vermelhos.

Diga: "*Chuc Mung Nam Moi!*"— "Saudações e tudo de bom no Ano-Novo".

Ano Novo Chinês, Festival da Primavera: *7 de fevereiro* (chineses etc.)

Conhecida no Ocidente como Ano-Novo Chinês, na China esta quinzena é chamada de Festival da Primavera, com início na segunda lua nova depois do solstício de inverno e término no 15º dia, com lua cheia. Cada um dos quinze dias tem significado e tradição.

No primeiro dia, as pessoas se abstêm de comer carne, o que supostamente prolonga a vida. No segundo, as filhas casadas visitam os pais, enquanto outros tratam bem os cachorros — porque supostamente é aniversário de todos os cães. No quinto dia, conhecido como *Po Wu*, todos devem ficar em casa e dar as boas-vindas ao deus da riqueza e prosperidade. O sétimo dia é o *Renri* ("Aniversário de todo mundo"), já que os chineses não celebram aniversários individuais. O 13º dia é de limpeza e purificação, quando comem apenas arroz *kanji* e *cai xin* ("verduras"). No 14º dia há os preparativos para o Festival das Lanternas, realizado na 15ª noite. Ao soar da meia-noite, todas as portas da casa devem ser abertas para deixar sair o ano velho. Envelopes vermelhos (*hong bao*) contendo dinheiro são dados pelos parentes mais velhos e casais casados aos mais jovens e solteiros; a quantia de dinheiro dada deve ser em número par, de modo a se distinguir do número ímpar dado nos funerais. Se você se sentir inspirado e quiser participar, $8 é particularmente auspicioso.

Diga: "*Gong Xi Fa Cai!*" — "Congratulações. Que sua riqueza aumente!".

Dia de São Valentim (Dia dos Namorados): 14 de fevereiro*

Não é um feriado nacional, mas é celebrado em vários países do mundo. Esse dia especial remonta a um antigo festival romano da fertilidade e ganhou nova roupagem no fim do século V, como festa cristã em homenagem a São Valentim (embora haja pelo menos três santos com esse nome). Apenas mais tarde, no fim da Idade Média, veio a associação com o amor romântico, e atualmente a data está completamente secularizada — é um dia em que os admiradores secretos mandam recados de amor, namorados e namoradas trocam cartões e mimos e os homens já comprometidos demonstram sua permanente adoração pelas amadas, comprando rosas vermelhas e levando-as para jantar à luz de velas. Esse "Dia dos Namorados"

* "Valentine's Day", em inglês. Por extensão, o termo "valentine" passou a designar tanto o namorado ou namorada quanto o próprio presente, carta ou cartão-postal. (N. T.)

e de romance compulsório também é celebrado no Japão, embora lá as mulheres é que sejam incentivadas a dar chocolates em formato de coração, não apenas para seu namorado e marido, mas a todos os homens que fazem parte de sua vida, incluindo os chefes e patrões. São os *giri-choko* ("chocolates de obrigação"), distintos dos *honmei-choko* ("chocolates sinceros"). Um fato intrigante é que o marido entra na lista dos *giri-choko*.

Diga: "*Ai shiteru*" — "Eu te amo"

Dia de São Patrício: 17 de março (irlandeses)

O Dia de São Patrício (St. Patrick's Day) é a grande data nacional irlandesa e homenageia São Patrício, o santo padroeiro da Irlanda. É um pretexto para a realização de festas regadas a cerveja Guinness nos *pubs* temáticos do mundo todo. Nos Estados Unidos, bebe-se "cerveja verde", bebida fermentada e tingida na cor nacional da Irlanda; já em Nova York há a parada anual do Dia de São Patrício, assistida por uma esplendorosa multidão de irlandeses norte-americanos, adequadamente vestidos à moda da terra natal, e muitos dos quais jamais pisaram nos gloriosos e verdejantes prados da Ilha Esmeralda.

Diga: "*Sláinte (duine a ol)*" — "Saúde (para todos)"

Purim: *21 de março* (judeus)

Um dia de festas celebrando a salvação dos judeus no século V a.C. de um massacre planejado pelo primeiro-ministro persa Haman, ou Hamã. De acordo com o de Ester, a bela rainha egípcia intercedeu junto ao marido, o rei Ahasuerus (Xerxes I), para poupar a vida de seu primo Mordecai e de todos os outros judeus da cidade de Shushan. Haman foi então enforcado no mesmo patíbulo que havia construído para Mordecai. O dia santo é marcado pela leitura do Livro de Ester (o Megillah), pela troca de presentes; as pessoas usam fantasias e fazem doações aos pobres. No Purim diz-se que é incumbência dos homens ficarem tão bêbados até ser incapazes de diferenciar os nomes Haman e Mordecai.

Diga: "*Chag purim sameach*" — "Feliz Purim". Mais tarde, tente: "Haman e Mordecai"

Nouruz: 21 de março (iraniano)

O Ano-Novo iraniano, Nouruz "(Ano novo, vida nova"), ocorre no equinócio primaveril e dura treze dias. Fogueiras são acesas e os farristas mais animados podem tentar pulá-las. Iogurte, alho, ovos e trigo são colocados em pratos diante de espelhos em salões de convidados; a mesa dos *haft seen* (sete Ss) deve ser posta com sete itens tradicionais começando com "s": *samanoo* (pudim de trigo doce), *sumac* (bagas secas moídas), *serkeh* (vinagre), *seeb* (maçã), *sear* (alho), *sombol* (flores) e *senjed* (fruto seco do oleastro). Além disso, a mesa especial do Nouruz também deve conter: uma tigela com peixinhos dourados, um Alcorão, fotos de parentes, ovos cozidos pintados com cores brilhantes e 94 moedas num prato ou travessa, que os convidados pegam e levam consigo para ter sorte.

Diga: "*Eide shoma mubarak!*" — "Feliz celebração!"

Páscoa: *21-23 março* (cristãos)

Na Sexta-Feira Santa, que inicia essa seqüência de dias santos, a tradição é comer pães doces quentes em forma de cruz, para comemorar a crucificação, com longas cerimônias religiosas e vigílias. Dois dias depois, o Domingo de Páscoa celebra a Ressurreição, com hinos alegres e entrega de ovos de chocolate. Na Polônia, onde a Páscoa é um festival que dura uma semana, os ovos são pintados com belos desenhos e figuras e colocados no centro da mesa de Páscoa, ao lado de um pequeno cordeiro de açúcar sustentando uma cruz e, às vezes, uma cabeça de porco assada. Os ovos são cortados em fatias e trocados, com desejos de boa sorte e prosperidade no ano vindouro. Na segunda-feira a festa termina com os Smigus Dyngus, delicioso costume em que os homens acordam as polonesas solteiras borrifando-as com água.

Diga: "*Wesotego Alleluja!*" — "Aleluia pela Páscoa!"

Magha Puja: *26 de março* (budistas)

O Magha Puja é um feriado público na Tailândia que comemora o dia em que lorde Buda ordenou 1250 *arahantas* ("monges") e proferiu o sermão conhecido como *Ovada-Patimokkha Gatha,* ou a Exortação do Patimokkha, um resumo dos principais pontos de seu ensinamento. Cerimônias pitorescas são realizadas por todo o país, e o venerado rei vai à capela do Grande Palácio Real em Bangcoc reverenciar o Buda de Esmeralda. De manhã bem cedo, prepara-se comida, que é oferecida aos monges; mais tarde, incenso e flores são levados ao templo; à noite há procissões com castiçais.

Vaisakhi: 14 de abril (siques)

O Vaisakhi, ou Baisakhi, Festival do Ano-Novo Sique, é baseado numa antiga e tradicional festa da colheita realizada no Punjabe (região atualmente dividida entre o Paquistão e a Índia). O dia também comemora o ano de 1699, em que o décimo guru, Gobind Singh, decidiu transformar os siques numa família de soldados santos, conhecidos como *Khalsa Panth* — os Puros. O festival é marcado pelas procissões *nagar kirtan* ("cidade cantando") pelas ruas, nas quais são cantados *shabads* ("hinos divinos") do *Guru Grath Sahib,* o livro sagrado dos siques.

Songkran, Chaul Chnam Thmey, Pi Mai: *15-17 de abril* (budistas)

Este festival marca o Ano-Novo no Sudeste Asiático. As estátuas de Buda são lavadas com água; joga-se água também nos monges e em outras pessoas, tanto como bênção como por brincadeira. Assim como no Ano-Novo Chinês, as casas e os altares domésticos são decorados com flores, bexigas, fitas e serpentinas. As crianças dão dinheiro e presentes a seus pais. As comunidades locais dão de comer aos monges locais, e mais tarde se banqueteiam.

Diga: "*Sur sdey chnam thmey!*" (cambojano) — "Bem-vindo o Ano-Novo!"; "*Sawadee Pi Mai!*" (tailandês) — "Feliz ano Novo!"; "*Bun pi mai!*" (laosiano) — "Feliz Ano Novo!"

Pessach: 20-27 de abril (judeus)

A *Pessach* (Páscoa, Passagem) comemora a libertação do povo de Israel do Egito, conforme narrado no livro bíblico do Êxodo. Na fuga, os judeus comeram pão ázimo (ou asmo, matzo, matzá, matzoh)* e desde então eles proíbem o pão fermentado em suas casas durante a *Pessach*. As casas são varridas de todos os farelos e migalhas, e o pão normal é substituído pelo ázimo crocante. É uma época de recomeço, e tradicionalmente as casas são lavadas de cima a baixo. Em Israel as escolas ficam fechadas durante a festa, que dura uma semana, e as pessoas trabalham apenas meio período.

Semana Dourada: 29 de abril – 5 de maio (japoneses)

A Semana Dourada é a junção de feriados nacionais, que começam com o Dia de Showa, o aniversário do ex-imperador Showa (Hirohito). A seguir vem o Dia da Constituição, em 3 de maio, quando a nova Constituição, vigente desde o pós-guerra, é celebrada. O dia 4 de maio é o Dia Verde, e 5 de maio é o Dia das Crianças, ou Dia dos Meninos, quando as famílias que têm filhos homens penduram pequenas bandeirolas em mastros do lado de fora das casas, representando carpas, que são símbolos de força; dentro de casa, fazem exposições de bonecos de samurai (*gogatsu ningyo*) e armaduras, a quem oferecem *kashiwamochi* (bolos de arroz embrulhados em folhas de carvalho) e *chimaki* (bolinho de arroz enrolado em folha de bambu). Os visitantes devem se certificar de fazer reservas com antecedência, pois é uma época bastante movimentada no país, em que as pessoas viajam muito. Com quatro feriados numa única semana, não é um bom período para negócios.

* Tipo de pão assado sem fermento, feito somente de água e farinha de trigo (ou outros cereais, como aveia, cevada e centeio). De acordo com a tradição judaica, no afã da fuga os israelitas fizeram pão ázimo porque não houve tempo para esperar até a massa fermentar. A *Pessach* também se chama *Hag ha-matzot*, ou a festa dos pães ázimos. (N. T.)

Vesak: *19 de maio* (budistas)

O aniversário de Buda é celebrado em todo o Extremo Oriente na primeira lua cheia de maio (ou junho, em anos bissextos), e é também conhecido como Visakah Puja, Waisak, Ka-sone, Buddha Purnima ou Buddha Jayanti na Índia, em Bangladesh e no Nepal, em Visakha Bucha ou Vixakha Bouxa, na Tailândia, e em Saga Dawa, no Tibete. Nesse dia os budistas comemoram o nascimento, a Iluminação e a morte de Gautama Buda, com meditação, reafirmação da fé e irradiação de "amor e bondade". No Sri Lanka, todos os abatedouros, bares e lojas que vendem bebidas alcoólicas ficam fechados por dois dias. Em outros países, flores, velas, incenso e comida vegetariana podem ser levados aos templos. É um bom dia para ir ao templo mais próximo com algumas moedas e entrar na vibração espiritual.

Bon, obon: *13 de julho* (budistas)

Neste dia os budistas visitam os túmulos da família e prestam homenagem aos espíritos de seus ancestrais, particularmente os que morreram no ano anterior. A queima do incenso serve para simbolizar as ilusões e os auto-enganos. Lanternas e galhos de cânhamo são acesos e colocados em pequenos barcos com ofertas, que bóiam rio abaixo ou em mar aberto; as lanternas representam guias para as almas em sua jornada de volta ao mundo espiritual, para que os espíritos não fiquem indecisos sobre o caminho a seguir. No Japão, outras lanternas iluminam as áreas públicas destinadas à dança; vestindo *yukata* (quimono de verão, vermelho e branco), as mulheres dançam usando *geta* (tamancos de madeira), sob a batida ritmada dos *taiko* (tambores). Nesse dia os japoneses trocam presentes chamados *ochugen*. Tradicionalmente, esses presentes eram destinados aos pais, professores, chefes, patrões e outros superiores, mas hoje em dia uma gama muito maior de pessoas também os recebe. É um gesto gentil e respeitoso que os visitantes dêem *ochugen* a seus anfitriões.

Ramadã: *2 de setembro* (muçulmanos)

Celebrando a primeira revelação do Alcorão, o Ramadã, ou Ramadão, é o início de um mês inteiro (o nono do calendário islâmico) de jejum, que todos os muçulmanos devem observar, do alvorecer ao pôr-do-sol. O jejum aplica-se não apenas a todo e qualquer tipo de comida e bebida, incluindo água, mas também ao fumo e às relações sexuais. As pessoas devem também tentar evitar maus pensamentos, exigências e atos ruins, alguns dos quais podem anular o jejum (uma mentira, uma difamação, um falso juramento, ou um olhar passional).

Quando você visitar um país muçulmano nesse período, lembre-se de que é falta de educação comer, beber ou fumar na presença de alguém que esteja em jejum; se você precisar comer durante o dia, vá a um hotel internacional. Sempre é possível empanturrar-se na refeição que se segue ao *iftar*, quando cai a noite e o jejum é quebrado com um gole de água ou leite e uma tâmara.

Rosh Hashanah (Ano-Novo Judaico): *1° de outubro* (judeus)

O Rosh Hashanah, ou Rosh Hashaná, é o início dos Dez Dias de Penitência, quando os judeus examinam sua relação com Deus (enquanto Deus decide quem vai viver e quem vai morrer no ano vindouro). Nesse dia, nas sinagogas, a celebração começa com o toque do shofar, chifre de carneiro, após três grupos de orações especiais. O chifre remonta ao quase-sacrifício de Abraão de seu filho Isaac (em contraste com o quase-sacrifício de seu outro filho, Ismael, tido pelo Islã como o ancestral de todos os árabes). Na noite anterior ao Rosh Hashaná, é costume comer certos alimentos, como pão challah e maçãs com mel e açúcar, para representar a esperança de um ano doce.

Diga: "*L'Shanah Tovah!*" — "Feliz Ano-Novo!"

Eid al-Fitr: *2 de outubro* (muçulmanos)

Assim que desponta a lua nova, o nono mês do calendário islâmico está encerrado e é hora do Eid al-Fitr (ou Eid ul-Fitr, ou 'Id al Fitr), a "Doce Festa" ou a "Pequena Festa", que marca o fim do jejum do Ramadã e é uma das duas festividades mais importantes do ano islâmico — tão importante para os muçulmanos quanto o Natal para os cristãos, com a mesma ênfase nas reuniões e celebrações em família. As pessoas se vestem bem e as crianças ganham presentes (dinheiro ou roupas). Nesse período paga-se uma contribuição compulsória especial chamada *zakatul*: uma quantidade específica de comida ou dinheiro para proporcionar uma refeição a quem está necessitado (não muito diferente da distribuição de presentes e "caixinhas" dos cristãos). As pessoas usam roupas de festa e dizem orações especiais. Nesse dia, assim como na festa Eid al-Adha, é costume congratular os muçulmanos e, se você conhecê-los bem, mandar um cartão.

Diga: "*Eid mubarak!*" — "Boa Eid!" (Boa festa!)"

Yom Kippur (Dia do Perdão): *9 de outubro* (judeus)

O dia mais sagrado dos judeus marca o fim dos Dez Dias de Penitência, iniciados no Rosh Hashaná. O Levítico descreve o Dia do Perdão como um "Sabá de Descanso"; é um dia dedicado à contrição, às orações e ao jejum total, como demonstração de arrependimento e expiação, do alvorecer ao pôr-do-sol. Em Israel, ninguém dirige e os aparelhos de rádio e TV são desligados. Nesse dia é tradicional que homens usem o *kittel*, a túnica branca com a qual um dia serão enterrados.

Diga: "*Gmar hatima Tova*" — "Que haja boas coisas escritas para você no Livro da Vida"

Diwali (Divali, Dewali, Deepavali, Deepawali): *28 de outubro* (hindus)

O Diwali é um festival de cinco dias que marcam o Ano-Novo Hindu. Também conhecido como Festival das Luzes, é tão importante para os hindus quanto a Eid ou o Natal para outras tradições. Durante o festival, é costume limpar as casas, escancarar as janelas, acender velas e lanternas, decorar as escadas com pó colorido para dar as boas-vindas a Lashmit, a deusa da riqueza e prosperidade. Os velhos livros-caixas são encerrados e livros novos são abertos. As pessoas trocam cartões e banqueteiam-se de comida vegetariana com a família. O Diwali é particularmente importante para os siques porque também celebra a libertação do sexto guru, Hargobind Singh, em 1619.

Diga: "*Sal mubarak!*" (gujarati) — "Feliz Ano-Novo!"

Dias das Bruxas (Halloween): 31 de outubro (alguns cristãos)

Véspera do Dia de Todos-os-Santos, o Dia das Bruxas ou Halloween é tradicionalmente associado a costumes como fogueiras, uso de máscaras e narração de historias de fantasmas. Na Irlanda, onde as pessoas não são muito entusiasmadas para comemorar com fogueiras a captura do rebelde católico Guy Fawkes em 5 de novembro*, o Dia das Bruxas é a noite das grandes fogueiras, no qual as pessoas usam fantasias. A cidade de Derry é palco de uma festa particularmente espetacular, com gente vestida de tudo, de papa a terroristas internacionais. Tome cuidado para não se empanturrar com muita vontade do tradicional *colcannon*, purê feito de repolho, batatas e leite, e recheado com um anel, uma moeda, um dedal e um botão escondidos. Quem encontrar o anel supostamente vai se casar em menos de um ano; a moeda simboliza a futura prosperidade; o botão, a solteirice do homem; o dedal, a solteirice da mulher.

* Guy Fawkes (1570-1606) foi um soldado inglês católico que teve participação na "Conspiração da pólvora", plano para assassinar o rei inglês protestante Jaime I e todos os membros do Parlamento durante uma sessão em 1605, com o intuito de suscitar um levante católico. Fawkes era o responsável pelos barris de pólvora que seriam utilizados para explodir o Parlamento. Porém, a conspiração foi descoberta, e, após interrogatório e tortura, Fawkes foi executado na forca por traição e tentativa de assassinato. Sua captura é celebrada até os dias atuais no dia 5 de novembro, na "Noite das Fogueiras". (N. T.)

Dia dos Fiéis Defuntos, Dia dos Mortos ou Dia de Finados: *2 de novembro* (cristãos)

Colada ao Dia de Todos-os-Santos está a data em que os católicos relembram seus mortos. No México, o Dia dos Mortos é a maior festa do país, e muitos acreditam que seus ancestrais regressam do Além para a Terra. Nos dias que antecedem o feriado, as famílias limpam e fazem pequenos reparos nos túmulos e os decoram com *coronas*, coroas de flores verdadeiras, de plástico ou de papel. Fotografias dos parentes mortos são colocadas em altares especialmente construídos nas casas, escritórios e restaurantes (*ofrendas*), ao lado de flores, frutas, comidas e bebidas especiais, em tigelas de cerâmica preta. Isso inclui o *pan de muerto* ("pão do morto"), um bolo salpicado de açúcar e enfeitado de forma a se parecer com ossos ou que pode ter o formato de um corpo, bem como as comidas favoritas dos entes que se foram. Enquanto isso, *calaveras de azúcar*, caveiras feitas de açúcar, quase sempre embrulhadas em lenços de papel colorido, são dadas como presentes.

Dia de Ação de Graças: *27 de novembro* (Estados Unidos)

O mais importante dia de agradecimento não pertencente a uma congregação eclesiástica, o Dia de Ação de Graças é celebrado nos Estados Unidos, no Canadá e por todos os norte-americanos em diáspora. É marcado pelo consumo de peru e tortas de abóbora e noz-pecã. É sempre celebrado na quarta quinta-feira do mês de novembro.

Eid al-Adha, Eid ul-Adha ("Festa do Sacrifício"): *9 de dezembro* (muçulmanos)

É a festa mais importante do calendário muçulmano, que marca o fim da *Hajj*, ou peregrinação a Meca. Acontece no décimo dia do último mês do calendário islâmico, dura três dias e é celebrada pelos muçulmanos de todo o planeta em memória à disposição do profeta Ibrahim (Abraão) em sacrificar o seu filho conforme a vontade de Alá. De acordo com o Alcorão, Abraão estava prestes a matar o filho quando uma voz do Céu o impediu e ordenou que sacrificasse um carneiro. Os muçulmanos acreditam que o filho não era Isaac, como se relata no Talmude e no Antigo Testamento, mas sim Ismael (Ishmael), considerado o ancestral dos árabes. A Eid é um dia de graças e de apreciação da vida, e um dia particular para o perdão, quando as pessoas tentam pôr fim a conflitos pessoais, cumprir promessas e honrar compromissos.

Diga: "*Eid mubarak!*" — "Boa Eid!" (Boa Festa!)"

Chanuca (Festival das Luzes): *22-30 de dezembro* (judeus)

A *Chanuca* (Chanucá, Hanuca, Hanukkah), também conhecida como Festival das Luzes, ou Festa da Consagração, remonta a 164 a.C., quando o sacerdote Judá (ou Judas) Macabeu rededicou ou reinaugurou o Templo de Jerusalém, profanado três anos antes pelo selêucida Antíoco IV Epifanes, que construíra um altar pagão e oferecera sacrifícios a Zeus. De acordo com o Talmude, quando Judá ordenou que o Templo fosse limpo, um novo altar construído no lugar do poluído e novos objetos sagrados fossem feitos, constatou-se que só havia um jarrinho de azeite puro para acender as luzes, o suficiente apenas para um dia, mas que milagrosamente durou oito dias, tempo necessário para que um novo azeite puro fosse produzido; o milagre é comemorado durante oito dias, acendendo-se as velas do Chanucá, colocadas no menorá, ou candelabro de nove braços. As crianças ganham presentes e também jogam um jogo em que giram um pião de quatro faces com letras hebraicas, chamado *dreidel*.

Natal (Festa da Natividade): 25 de dezembro (cristãos)

Feriado mais celebrado do calendário cristão, o Natal é a festa do aniversário do nascimento de Jesus. Os costumes tradicionais do

Natal variam de inovações vitorianas como o pudim de ameixas à árvore de Natal (montada pela primeira vez na Alemanha, no século XVI) e à prática de pendurar o visco, originalmente um ritual druida, que marca o solstício de inverno (na tradição pagã, o último visco do ano é queimado e substituído por um feixe fresco, o que simboliza o anseio de paz e boa sorte para o ano vindouro).

Diga: "Feliz Natal" (para ser delicado e não ferir as suscetibilidades de pessoas de outras crenças, deseje "Boas-Festas!")

Véspera de Ano-Novo: 31 de dezembro

O fim do ano velho e o início do ano novo é celebrado em quase todas as culturas. É um tempo de esquecer as decepções e os fracassos do ano anterior e desejar coisas melhores para o seguinte. Em algumas partes das regiões rurais da Irlanda, há o costume de levar um pão ou bolo para fora da casa e arremessar com força contra as portas e janelas fechadas, para expulsar o infortúnio e deixar a felicidade entrar. Na Dinamarca, as portas da frente de casa são fechadas com violência e ruído, para "esmagar" e prender a sorte do novo ano. Na Espanha, à meia-noite, a cada batida do relógio os espanhóis colocam uma uva na boca; as doze uvas simbolizam a boa sorte para cada mês do ano que se inicia.

Dizem que a primeira pessoa que passar pela soleira da porta depois da meia-noite traz boa sorte. Muitas culturas torcem para acolher com agrado e alegria um desconhecido alto e moreno; já na Escócia, onde a tradição da "primeira visita" é costume seguido à risca, médicos, ministros da igreja e coveiros não são aceitáveis, nem pessoas cujas sobrancelhas se encontram no meio da testa, tornando-se uma só. No extremo sul dos Estados Unidos, onde há um costume idêntico, a boa sorte também pode ser trazida por mulheres bonitas, crianças cujo aniversário é em 31 de dezembro, noivas e mães recentes. Assim, se você for a uma festa em que haja alguém que se encaixe nesse perfil, dê um jeito de empurrá-la para a porta da frente.

Diga: "*Feliz Año Nuevo!*" (em espanhol); "*Prosit Neujahr!*" (alemão); "*S Novim Godom!*" (russo)" — "Feliz Ano Novo!"

16

Matar a saudade

Quando você já ficou tempo demais

Eventualmente, chega o momento em que sua visita a um país estrangeiro já não pode mais ser descrita como uma visita. Pode ser até que você não tenha se apaixonado, nem se casado, nem morrido, mas mesmo assim se tornou parte do lugar. Você já não acha mais estranho ouvir as pessoas dizendo "*G'day!*" ou "*Y'all!*" ou "*Konichiwa*", ou vê-las bebendo ruidosamente a sopa e cuspindo nos trens. Aquela sensação inicial de novidade, quando você se deleitava com cada diferença de sua nova morada, ao mesmo tempo que se empolgava com a idéia de que, na essência, aquelas pessoas de comportamento bizarro eram iguais a você, basicamente humanos, já desapareceu. Começa então a achar que sua nova terra é frustrante, deprimente ou, ainda pior, passa a considerar que essa gente esquisita é muito diferente, com seus hábitos imundos, a comida nojenta e uma enlouquecedora capacidade de nunca chegar na hora marcada ou dizer "não". Você está em via de sofrer o que o pioneiro antropólogo finlandês chamou de "choque cultural", e que desde então ficou conhecido como "choque de culturas"...

E então...

Quando a novidade perder a graça e você se encaminhar para a típica segunda fase, a da irritabilidade e hostilidade, é importante lembrar-se de que o seu "lar, doce lar" não necessariamente oferece a única maneira certa de fazer as coisas. Não fique obcecado nem rosnando pensando nas coisas de que você sente falta: concentre-se naquilo que você ganhou. Talvez, afinal de contas, seja uma boa comer queijo no café-da-manhã. E daí se eles nunca ouviram falar de marmelada e parecem achar que geléia de damasco é um substituto adequado? E será que tomar cerveja quente é tão legal assim? Xerez gelado e chá de menta também têm lá seus momentos.

Gradualmente, você vai atingir o terceiro estágio de imersão numa nova cultura: o ajuste, a adequação. Vai começar a perceber aspectos sutis que explicam coisas que antes eram preocupantes. Na Rússia, por exemplo, onde a língua não possui artigos definidos, você pode ter achado as pessoas muito ríspidas, com pedidos e ordens secos e diretos. Agora começa a perceber que a língua deles tem outras maneiras de expressar gentileza. Por fim, vai avançar para o que os interculturalistas profissionais reconhecem como sendo o quarto estágio de estar no exterior: adaptação e biculturalismo, quando você terá condições de funcionar bem nas duas culturas. Você começa a estimar com grande carinho maneiras de dizer e fazer as coisas das quais definitivamente vai sentir falta, quando e se algum dia for embora...

Gezelligheid

A palavra holandesa *gezellig* pode ser traduzida como "confortável, cômodo, aconchegado", congenial, mas o termo *gezelligheid* vai muito além, descrevendo não apenas a alegria e o prazer da companhia dos outros, mas também uma sensação mais profunda de viver em harmonia com eles. O espírito de comunidade é uma parte fundamental da vida holandesa; o único porém é que, num vilarejo ou cidade pequena, o conceito também implica o direito de bisbilhotar e se intrometer na vida dos outros e de criticar os vizinhos quando não fazem sua parte, seja por causa do jardim malcuidado, seja por causa das crianças tocando bateria na sexta-feira à noite.

O craic

Os irlandeses têm um desejo parecido de se divertir desfrutando a companhia de outras pessoas resumido no conceito do *craic*. Numa época em que existem bares irlandeses oferecendo o *craic* no Azerbaijão, no Chile, em Hong Kong e na Tailândia, para citar apenas alguns exemplos, o conceito beira o clichê. Mas o *craic* ainda continua firme e forte na Irlanda: a palavra define a idéia de aproveitar com alegria o momento, rodeado de gente, divertindo-se a valer. Mas isso não é tudo, pois o craic tem também um elemento de fofoca, como nas frases "Qual é o *craic*?" ou "Cê ouviu o *craic* sobre a Mary?". Um filósofo de bar, anônimo, uma vez definiu o *craic* como um acrônimo de cinco palavras gaélicas: *ceol* (música); *rince* (dança), *ambrain* (canções); *inis scealta* (narração de histórias); e *cainte* (fofoca).

Certamente, o *craic* representa a pura essência de um certo tipo de qualidade típica da identidade irlandesa, que, assim como aquele líquido preto, nunca é tão bom longe da Ilha Esmeralda. Portanto, quando você estiver na Irlanda e ouvir alguém dizer que o *craic* na festa tal vai ser "forte" ou "do caramba", não perca.

Sabai sabai

Os tailandeses também adoram curtir a vida. As pessoas devem estar sempre dispostas a bater papo, sair para comer e beber com os amigos ou apenas relaxar. Mesmo as coisas mais difíceis da vida, como o trabalho, devem ser *sanuk,* ou "diversão". A expressão *Sabai sabai*, que literalmente significa "bem, bem", "tranqüilo", "confortável", "de boa", "à vontade", "feliz" e "legal", parece resumir essa atitude despreocupada e hedonista da qual você, como *farang* (estrangeiro), deve tirar vantagem.

Yoyuu

Yoyuu talvez seja a palavra que melhor consegue capturar o que há de único na cultura japonesa. O que significa? Espaço mental e emocional, flexibilidade, tolerância, espaço para respirar. Quando você se permitir entrar nesse estado, talvez acompanhando seus novos amigos japoneses num piquenique à sombra de uma cerejeira em flor, em plena primavera, possa repetir para si mesmo "*Ichi go ichi e*", expressão que significa que cada momento em que você está vivo é especial, único, na sua vida e na vida de todos. A vida é passageira, a experiência é breve, fugaz. Ser espontâneo é a melhor maneira de fazer quase todas as coisas.

Saudade

Saudade é a palavra portuguesa para descrever uma sensação que não é expressa em nenhuma outra língua. A tradução mais simples é "sentimento melancólico de desejo, ânsia e incompletude ligado à memória da ausência de algo que já foi, houve ou aconteceu ou que poderia ter sido, havido e acontecido". E é justamente este "que poderia ter sido, havido e acontecido" que distingue a saudade da mera nostalgia. A saudade traz embutida a esperança de que aquilo que já se viveu e se perdeu pode um dia voltar, mesmo que na análise racional daquele que sente a esperança essa possibilidade seja impossível ou improvável. Você pode sentir saudade de um amor perdido, de um lugar em que você foi feliz e do qual agora está distante, de um ente querido que morreu, e até mesmo de sensações, experiências, determinados prazeres e estados de ânimo que você teve na juventude e ficaram para trás. Ouvir um cantor num bar de Lisboa entoando o fado, com os olhos trêmulos e semicerrados, é chegar perto da experiência do sentimento da saudade — e do coração tanto dos portugueses quanto de seus primos de Novo Mundo, os brasileiros. O que não quer dizer que eles vivam o tempo todo no mundo da lua, melancólicos e tristonhos: em Portugal, existe o forte desejo de "matar a saudade", e uma famosa canção brasileira, o marco inicial da bossa nova, é "Chega de saudade".

Hüzün

Hüzün é uma palavra turca que pode ser traduzida simplesmente como "melancolia", ou "introspecção melancólica", mas que significa muito mais que isso. Os turcos muçulmanos experimentam a *hüzün* quando sentem que, conforme descreveu o escritor Orhan Pamuk em seu romance *Istambul*, "investiram demais nos prazeres terrenos e no ganho material". Se tivessem permanecido numa senda mais espiritual, não se importariam com a perda. Para os sufis daquele país, a *hüzün* é uma tristeza ainda mais positiva: a angústia pessoal que uma pessoa sente por nunca conseguir chegar nem perto de Alá e nunca conseguir fazer o bastante para ele neste mundo.

Ubuntu

Na porção meridional da África, de Moçambique a Botsuana, África do Sul e Namíbia, passando pelo Zimbábue, existe o profundo sentimento de que a vida só tem sentido e significado se vivida para e pelos outros. Essa disposição é resumida pelo conceito de *ubuntu*, palavra que não tem tradução direta: "Sou porque somos", ou, de maneira mais próxima, "Uma pessoa só se torna humana por meio de outras pessoas". Essa longeva tradição de humanidade em relação aos outros subjaz aos extraordinários gestos de perdão testemunhados pela Comissão de Verdade e Reconciliação da África do Sul.

Perdão

A Comissão de Verdade e Reconciliação da África do Sul foi criada pelo governo da Unidade Nacional, em 1995, para investigar os grotescos abusos dos direitos humanos sob o apartheid*. Embora muito criticados por certos setores, os trabalhos das três principais comissões levaram a algumas cenas extraordinárias: vítimas confrontando seus torturadores, e assassinos admitindo sua culpa e recebendo perdão (ainda que para a vasta maioria a anistia tenha sido rejeitada). Entre abril de 1996 e junho de 1998, as audiências públicas eram exibidas todo domingo pela TV sul-africana.*

Utang na loob

Utang na loob, que numa tradução livre seria "a dívida de obrigação", é um aspecto crucial na sociedade filipina (pelo menos entre os habitantes das planícies, falantes de tagaog). Descreve um complexo sistema de obrigação recíproca, que não se limita apenas à troca de presentes, mas também envolve ajudar as pessoas, de muitas e variadas formas. Você pode arregaçar as mangas e auxiliar seu colega de trabalho a terminar uma tarefa, pode ajudar alguém a arranjar emprego ou dar um auxílio financeiro a um conhecido que esteja doente ou se mudando de casa. Isso cria, entre quem ajuda e quem é ajudado, um vínculo de gratidão, e conseqüente obrigação, que pode durar ao longo de muitas gerações.

Lagom

Na pragmática Suécia, o conceito de *lagom* (*lagum*, *lugum*) é fundamental. Significa que nada deve ser feito em excesso ou levado a extremos; o melhor caminho é o do meio, a moderação, o mediano, o comedimento. As pessoas não devem tentar se destacar ou sobressair. Tudo e todos devem ser *lagom* — "razoável", "apenas certo", "equilibrado", "o bastante", "o suficiente", "o adequado", "a quantia precisa", "conveniente", "sensato". As pessoas devem ser pagas para viver confortavelmente, mas com discrição, sem grandes pretensões. O sistema de bem-estar social sueco segue o *lagom*; os que ganham muito mais que o normal pagam impostos progressivamente mais altos, para custear os que ganham muito menos.

"*Lagom är bäst*", dizem eles — "*Lagom* é melhor".

Janteloven

Na vizinha Dinamarca (apesar da velha rivalidade entre os dois países), prevalece o mesmo espírito de igualitarismo. Os dinamarqueses falam em janteloven — "a Lei de Jante" foi criada pelo escritor norueguês/dinamarquês Aksel Sandemose em seu romance *En flyktning krysser sitt spor* (literalmente, *Um refugiado atravessa sua faixa*), de 1993; no livro, o autor descreve um lugar imaginário, o pequeno vilarejo nórdico de Jante, e lista dez leis para que cada pessoa seja mantida em seu devido lugar. *Janteloven* significa que toda ostentação é desaprovada, e que qualquer um que faça alarde do próprio sucesso e se ache especial e melhor que os outros deve ser convencido de que não é tão importante quanto pensa.

Sisu

Já os finlandeses, ao contrário, dão ênfase ao conceito de *sisu*, que em tradução livre seria equivalente a "coragem", "orgulho", "determinação", "vigor" etc., e fazem referência à qualidade de manter a todo custo, de maneira obstinada e resoluta, a própria independência e conseguir o que se quer, particularmente na adversidade. Os participantes dos campeonatos internacionais de sauna obviamente precisam de *sisu*, bem como os atletas do concurso anual de Carregamento de Esposa e os competidores do Campeonato de *Air Guitar*. A própria Finlândia, é claro, demonstrou enorme *sisu* ao enfrentar, mais de uma vez, a poderosa Rússia.*

Tudo bem

Na Competição Internacional de Sauna da Finlândia, os participantes testam sua capacidade de resistência sentados juntos numa

* A Finlândia tem um longo histórico de guerras contra os russos; dois exemplos: durante a Grande Guerra do Norte, entre 1700 e 1721, a Finlândia foi ocupada por forças russas, e a região sul do país foi anexada à Rússia; durante a Segunda Guerra Mundial, o governo da União Soviética exigiu a entrega de bases militares e territórios finlandeses, em setembro de 1939. O governo da Finlândia se opôs, e teve início o conflito armado entre os dois países. (N. T.)

sauna sob temperaturas cada vez mais elevadas. A partir dos 110 °C, meio litro de água é despejado no forno a cada trinta segundos. Para provar que ainda estão vivos, os competidores precisam levantar o polegar indicando aos juízes que está "tudo bem"; o último a sair da sauna vence; em 2002, o vencedor da prova masculina, Leo Pusa, demonstrou enorme sisu, ao suportar o calor intenso por doze minutos.*

IBM

Apesar das diferenças entre as áreas distintas do mundo árabe, do Crescente Fértil ao norte, passando pelos ricos Estados produtores de petróleo no Golfo ao Magreb norte-africano, ainda há uma característica comum a todas essas localidades: a crença de que de nada adianta precipitar as coisas. Existe a crença fatalista generalizada de que, aconteça o que acontecer, será para o melhor, segundo a vontade de Deus. Essa atitude de acreditar numa espécie de predestinação está resumida no acrônimo IBM: *Inshallah*: "Se Deus quiser"; *Bukra*: "Amanhã" (que pode ser amanhã mesmo, semana que vem ou no próximo mês; as coisas demoram o tempo que precisam demorar); *Ma'alesh* (*Maalêsh*): "Deixa para lá", "Não tem problema", "Não se preocupe" (qualquer que seja a situação atual, as coisas vão mudar para melhor).

Em qualquer conversa de esquina na maioria das cidades árabes, você pode se virar tranqüilamente e dar 1 de ombros dizendo essas três palavras.

Não esquenta

Embora — e talvez porque — vivam num país em que estão cercados de perigos naturais e criaturas verdadeiramente ameaçadoras, os australianos também têm uma atitude tranqüila, de que tudo vai dar certo e ficar bem, condensada na divertida expressão "Não esquenta".

* Na edição de 2007, a finlandesa Leila Kulin foi a vencedora, com o tempo de 10 minutos e 31 segundos. Na final masculina, Timo Kaukonen, também finlandês, levou o título, depois de agüentar 12 minutos e 26 segundos. (N. T.)

Inicialmente você pode pensar que estão apenas sendo otimistas, agradáveis e de alto-astral, mas assim que os vê mergulhando no mar infestado de tubarões, cobras-d-água, cubomedusas (águas-vivas de corpo meio quadrado, também conhecidas como vespas-marinhas, e jocosamente chamadas de "chicotadas") e mortíferos peixes-pedra, aos berros de "Não esquenta! Não esquenta!", começa a perceber que também há uma alta dose de fatalismo na maneira de eles encararem as coisas. Como visitante, não sinta vergonha alguma em seguir o conselho dos seus anfitriões.

Ni modo

Em todo o mundo hispanófono, e particularmente no México, a expressão *ni modo* representa uma extensão da atitude de deixar as coisas nas mãos do destino: "Ah, tudo bem"; "Tanto faz"; "Dane-se"; "Não faz mal"; "Não tem problema"; "Não havia nada a fazer"; "Na verdade não há muita escolha"; "Existe um poder maior em algum lugar"; "Nós, humildes humanos, não temos controle de tudo"; "O que se vai fazer?" O conceito de *Ni modo* nos liberta de nossa mania tola de culparmos uns aos outros. Reconheca que a natureza seguirá seu curso, que tudo é uma questão de tempo e que aquilo que tiver de ser, será. Se você tentar atravessar o México usando o transporte público, vai precisar de uma tonelada de momentos em que o estado de espírito *ni modo* pode salvar sua vida.

17

Do svidaniya, meu bem

Dizendo adeus

Dizer adeus é sempre difícil, mas talvez o mais difícil seja despedir-se das pessoas que você conheceu num país estrangeiro, sejam moradores locais, sejam colegas de viagem. Em geral, no momento de dizer adeus troca-se um endereço de *e-mail* ou número de telefone, entre outras coisas, como sinal do carinho que ambos sentem por aquele encontro. Secretamente, ou nem tão secretamente, ambos sabem que provavelmente jamais farão uso do telefone ou do endereço. E se, por acaso, um dia forem usados, um encontro rápido na terra natal para tomar um drinque numa noite de chuva nunca vai ser como as gostosas e preguiçosas gargalhadas bebendo caipirinha à sombra fresca do bar, na beira da praia...

Vá com Deus

Quase todas as culturas possuem variadas fórmulas de despedida, desde expressões para separações a curto prazo, como as espanholas "*Hasta luego*" ("Até logo", "Até mais tarde"), ou "*Hasta pronto*" ("Até já"), a despedidas mais permanentes, como "*Adios*" (espanhol), "*Adieu*" (francês) e "*Adeus*", com que se pede a proteção de Deus para quem fica ou parte e que significam "Deus fique contigo", "Deus vá contigo" — o mesmo se aplica à formula em inglês "*Goodbye*", contração de "*God be with ye*", "Deus esteja contigo".

Muitas línguas expressam o desejo de que, do momento da despedida em diante, a jornada siga em paz e segurança. Na África do Sul, é este o significado das expressões suavemente musicais "*Sale sentle*", do idioma tswana, "*Sawubona*", do povo nguni, e "*Sala gashi*", do povo sotho, que encontram eco na mais branda "Vá bem", usada pelos falantes de inglês daquele país; mais para o norte, na língua chinyanja da Zâmbia e do Congo, "*Endani bwino*" significa a mesma coisa, assim como "*Safari njema*", na língua suaíli (suaíle, swahili), do Quênia.

Oi/adeus

No hebraico de Israel, a saudação "shalom" significa três coisas: "oi/olá", "adeus" e "paz/a paz sobre vós". Os havaianos também têm ênfases diferentes para a mesma palavra: aloha significa "oi", "adeus" e "amor". Na Itália, ciao pode significar "oi" ou "tchau". E, na Finlândia, hei também vale como saudação tanto ao chegar quanto ao sair.

Um entendimento final

Os gestos de despedida não são universais. Na Grécia, para evitar confusão com o ofensivo *moutza* (ver capítulo 2), quando você quiser se despedir, estenda o braço, a palma da mão para cima, e mexa os dedos para trás e para a frente — exatamente o mesmo gesto que norte-americanos e ingleses usam para dizer "Vem cá". Para aumentar a confusão, o gesto também é bastante usado na Itália.

Em outras partes da Europa e da América Latina, o clássico gesto de despedida usado no Reino Unido e nos Estados Unidos — a palma da mão levantada, acenando lateralmente — não quer dizer "adeus"; significa "não". Nesses lugares o gesto de adeus consiste num braço esticado, a palma para baixo, a mão acenando verticalmente a partir do pulso.

Aceno para o grupo

Em países tão diferentes quanto França e Arábia Saudita, no momento de dizer adeus para as pessoas de um grupo, é importante despedir-se de cada um individualmente, de preferência com um aperto de mãos. O alegre "aceno para o grupo" usado pelos norte-americanos não é o padrão mundial.

E então dizemos...

árabe	*Ma'salama*
bengali	*Shuva-bidhai*
holandês	*Tot ziens*
estoniano	*Head-aega*
finlandês	*Hei, näkemiin*
francês	*Au revoir*
alemão	*Auf Wiedersehen, tschüß*
grego	*Adio, Geia*
italiano	*Ciao, arrivederci*
japonês	*Sayonara, bye-bye*
letão	*Sveiki, a'taa*
malaio	*Selamat tinggal*
mandarim	*Zai jian*
norueguês	*Farvel*
polonês	*Do zobaczenia*
russo	*Do svidaniya, Poka*
suaíli (suaíle, swahili)	*Kwaheri, safari njema*

tailandês	*Lar-korn*
turco	*Hoscakal*
Yumpla Tok (estreito de Torres)	*Siyu*
zulu	*Ngeyavalilisa, Sala kable*

Kikoskushijo

Agora, seu pior problema — depois que voltar a seu país, após enfrentar um vôo em meio a nuvens cinzentas, descer na cintilante pista de pouso, arrastar-se penosamente por quilômetros de corredores sem vivalma, ouvir os sotaques horrivelmente familiares da sua própria terra — é o choque de culturas reverso. Suas memórias sentimentais da velha e boa terrinha são grosseiramente substituídas pela constatação da horrorosa e garoenta realidade. Você se acostumou e se afeiçoou a um lugar em que as pessoas abrem um sorriso quando se cumprimentam na rua, os homens e mulheres bonitas olham nos olhos, crianças sem nada gritam de alegria e dão risadas quando ganham brinquedos feitos de cabides, as pessoas respeitam os mais velhos e se importam com eles, e onde um convite para jantar significa um jantar *grátis*. Sem sequer perceber, você se tornou o que os japoneses chamam de *kikokushijo* — alguém que viveu num país estrangeiro e tem dificuldade de readaptação quando retorna à própia terra.

Mas isto já é outra história...

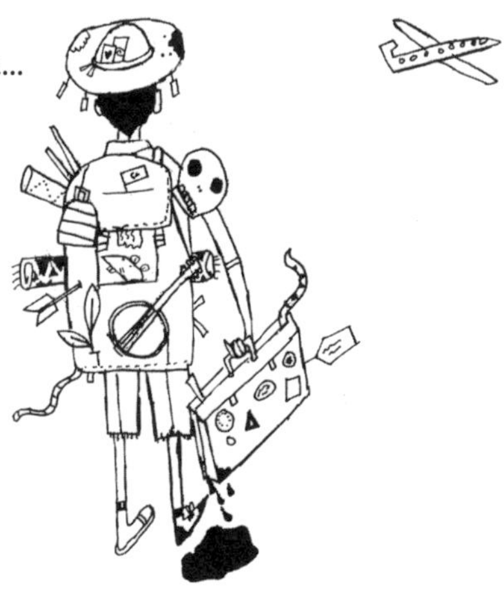

Apêndices

Moedas do mundo

Abaixo, uma relação completa das moedas do mundo, incluindo os códigos internacionais de cada moeda corrente. Não se esqueça que em muitos países não-industrializados as taxas de câmbio oficiais serão muito mais altas do que as taxas de conversão do mercado negro local. Quando você planejar uma viagem a um desses países, é aconselhável levar uma boa quantia de dólares norte-americanos, o que é garantia de boas taxas. Em certos lugares, a libra esterlina também dá conta do recado, mas o melhor mesmo é ter dólares de reserva.

Em alguns países não-industrializados, agências bancárias e caixas eletrônicos são raros. Por isso, certifique-se de ter em mãos dinheiro em espécie suficiente para passar o fim de semana. Se por acaso viajar para o Irã, saiba que o embargo comercial ainda em vigor dos Estados Unidos contra o regime do país significa que cartões de crédito não podem ser aceitos para nenhum tipo de pagamento. Você precisa levar dinheiro vivo para custear a viagem inteira, inclusive as taxas de embarque.

País	*Moeda*
África do Sul	Rand (ZAR)
Argentina	Novo peso argentino (ARS)
Austrália	Dólar australiano (AUD)
Bolívia	Boliviano e peso boliviano (BOB)
Botsuana	Pula (BWP)
Brasil	Real (BRL)
Canadá	Dólar canadense (CAD)
República Popular da China	Yuan renminbi (CNY)
Cingapura	Dólar de Cingapura (SGD)
Coréia do Sul	Won sul-coreano (KRW)
Dominica, Granada	Dólar do Caribe Oriental (XCD)

Egito	Libra egípcia (EGP)
Estados Unidos da América	Dólar norte-americano (USD)
Federação Russa	Rublo (RUB)
Gibraltar	Libra de Gibraltar (GIP)
Honk Kong	Dólar de Hong Kong (HKD)
Índia	Rupia indiana (INR)
Indonésia	Rupia (IDR)
Irã	Rial iraniano (IRR)
Israel	Sheqel ou *shekel* (nis)
Japão	Iene (JPY)
Malásia	Ringgit (Dólar malásio, MYR)
Marrocos	Dirham marroquino (MAD)
México	Peso mexicano (MXN)
Micronésia (Estados Federados da Micronésia)	Dólar norte-americano (USD)
Mongólia	Togrog/tugrik (MNT)
Nova Zelândia	Dólar da Nova Zelândia ou dólar neozelandês (NZD)
Peru	Nuevo sol ou Novo sol (PEN)
Polônia	Novo zloty (PLN)
Suécia	Krona (coroa) sueca (SEK)
Suíça	Franco suíço (CHF)
Tailândia	Baht (THB)
Turquia	Nova lira turca (TRY)
União Européia	Euro (EUR)

Taxas de câmbio atualizadas podem ser encontradas na internet, em *websites* como Xe.com (http://www.xe.com/ucc) ou Oanda.com (www.oanda.com/convert/classic).

Códigos de área internacionais

Para fazer uma ligação telefônica para o exterior, a partir do Reino Unido, você deve teclar 00 (zero zero), acrescido do código de área do país de destino, seguido do código local da cidade (se houver) e do número do telefone desejado. A combinação 00 é conhecida como prefixo internacional, e funciona como tal na maioria dos países, mas em certos lugares aplicam-se variações locais: por exemplo, na maior parte dos países caribenhos, o número a ser teclado para uma ligação internacional é 011; 0011 na Austrália, 119 em Cuba, e 8–10 na República da Geórgia, Belarus (Bielorrússia, ou Bielo-Rússia) e Cazaquistão.

Para ligações locais (para a mesma cidade), é só ligar para o número desejado. Em ligações para outra cidade (dentro do país visitado), você deve incluir o prefixo 0 (zero) antes do código da cidade (DDD) e do número desejado; porém, às vezes esse prefixo nacional também varia. No Caribe, é 1, no Leste Europeu, 8, e na Coréia do Sul, 082. Uma lista abrangente de todos esses códigos pode ser encontrada em www.kropla.com/dialcode.

País	*Código do país*
África do Sul	27
Alemanha	49
Argentina	54
Austrália	61
Áustria	43
Bélgica	32
Brasil	55
Canadá	1
Chile	56
China	86
Cingapura	65
Coréia do Sul	82
Dinamarca	45
Egito	20
Espanha	34
Estados Unidos da América	1
Federação Russa	7
Finlândia	358
França	33
Grécia	30
Holanda (Países Baixos)	31
Hong Kong	852
Hungria	36
Índia	91
Indonésia	62

Irã	98
Itália	39
Japão	81
México	52
Marrocos	212
Malásia	60
Noruega	47
Nova Zelândia	64
Peru	51
Polônia	48
Portugal	351
Reino Unido	44
República Tcheca	420
Suécia	46
Suíça	41
Tailândia	66
Taiwan	886
Turquia	90

Clima internacional

A tabela abaixo mostra temperaturas em graus Celsius, índices pluviométricos em milímetros e períodos de incidência de raios solares em horas por dia (valores médios). Quando você planejar uma viagem, tenha em mente que muitos países contêm mais de uma zona de clima. Na África do Sul, por exemplo, Cape Town tem clima mediterrâneo, mas Durban é subtropical. A Argentina varia de tropical, no norte, a temperado no sul. Para previsões do tempo detalhadas, consulte: http://www.bbc.co.uk/weather/world/country_guides/index.shtml, http://www.codehot, co.uk/travel/weatherchart.htm e http://www.weather.com.

DESTINO	Janeiro - Março			Abril - Junho			Julho - Setembro			Outubro - Dezembro		
	Temp	Chuva	Sol	Temp	Chuva	Sol	Temp	Chuva	Sol	Temp	Chuva	Sol
Alemanha	2°	50,8	3	14°	50,8	7	18°	76,2	7	5°	50,8	2
Argentina	28°	101,6	8	19°	76,2	6	16°	50,8	6	25°	76,2	8
Bangcoc	32°	25,4	9	34°	127	7	32°	203,2	5	30°	101,6	8
Barbados	29°	50,8	9	30°	50,8	9	30°	152,4	8	29°	152,4	8
Bombaim	29°	0	9	32°	177,8	8	29°	406, 4	3	31°	25,4	9

Botsuana	26°	76,2	8	26°	25,4	9	22°	0	10	26°	50,8	8
Brasil	29°	127	7	25°	76,2	6	24°	50,8	6	26°	101,6	6
Cairo	21°	0	8	34°	0	11	34°	0	12	25°	0	9
Cape Town	25°	25,4	10	20°	76,2	6	17°	76,2	6	22°	25,4	10
Chile	21°	0	10	14°	50,8	4	10°	50,8	4	18°	0	8
China	5°	0	7	26°	50,8	9	28°	152,4	7	10°	0	7
Chipre	12°	50,8	6	22°	25,4	11	27°	0	12	17°	50,8	7
Cingapura	30°	203,2	5	31°	177,8	6	29°	177,8	5	30°	228,6	4
Coréia	0°	25,4	7	15°	101,6	8	19°	254	7	7°	50,8	7
Dubai	25°	25,4	8	36°	25,4	11	40°	0	11	30°	0	10
Fiji	30°	304,8	6	28°	254	7	26°	177,8	7	28°	254	7
Filipinas	28°	25,4	7	31°	127	7	30°	406,4	4	28°	152,4	5
Goa	31°	0	9	32°	203,2	7	29°	457,2	4	32°	50,8	8
Grécia (Continental)	14°	50,8	6	25°	25,4	8	31°	0	11	19°	101,6	5
Hong Kong	18°	50,8	4	27°	254	5	30°	330,2	6	23°	50,8	6
Indonésia	31°	228,6	9	31°	101,6	9	25°	0	10	31°	76,2	10
Irã	6°	50,8	7	23°	25,4	9	28°	0	11	12°	25,4	
Islândia	1°	76,2	2	9°	50,8	6	11°	50,8	5	2°	76,2	1
Israel	15°	152,4	8	26°	25,4	11	28°	0	12	21°	76,2	8
Istambul	9°	101,6	2	19°	25,4	6	25°	25,4	10	15°	101,6	4
Japão	10°	76,2	6	21°	152,4	6	25°	177,8	5	15°	127	5
Kuala Lumpur	33°	203,2	8	33°	203,2	8	32°	152,4	6	32°	228,6	9
Lhasa	9°	0	8	19°	25,4	9	22°	101,6	8	12°	0	9
Los Angeles	18°	50,8	8	20°	0	9	24°	0	11	21°	25,4	8
Marrocos	22°	101,6	6	28°	50,8	10	30°	0	10	24°	101,6	6
México	33°	25,4	5	35°	50,8	7	35°	152,4	6	32°	50,8	4
Nova Zelândia	19°	76,2	7	15°	127	4	12°	127	5	17°	101,6	7
Noruega	-1°	25,4	3	12°	50,8	7	15°	76,2	6	2°	76,2	2
Nova York	4°	101,6	6	19°	101,6	8	24°	101,6	9	12°	76,2	6
Paquistão	24°	0	9	28°	0	9	28°	50,8	5	27°	0	9
Peru	28°	177,8	7	23°	101,6	4	21°	25,4	1	23°	101,6	4
Polônia	4°	25,4	2	18°	25,4	6	22°	50,8	7	8°	25,4	2
Portugal	14°	101,6	7	20°	25,4	11	27°	0	11	15°	76,2	7
Quênia	25°	76,2	9	22°	127	6	21°	25,4	5	24°	76,2	7
Rússia	-5°	25,4	3	16°	50,8	7	20°	76,2	8	2°	50,8	1
Sul da Austrália	25°	101,6	7	19°	127	6	17°	101,6	7	23°	76,2	7
Taiwan	16°	127	3	25°	228,6	5	27°	254	7	21°	101,6	4
Toronto	0°	76,2	3	17°	76,2	7	24°	76,2	8	7°	50,8	3
Vietnã	35°	25,4	5	35°	203,2	4	34°	304,8	4	33°	152,4	4

O relógio do mundo

Há 24 zonas horárias ou fusos horários no mundo, de –12 (Linha Internacional de Data, Linha Internacional de Mudança de Data ou apenas Linha de Data a Oeste), passando por 0 (GMT ou TMG, *Greenwich Mean Time*, Hora Média de Greenwich ou apenas Hora de Greenwich), a +12 (Linha Internacional de Data a Leste). Alguns países adotaram fusos horários na meia hora, e não apenas na hora cheia.

Diferenças de horário ao redor do mundo	
Abu Dhabi	4
Adelaide	8 ½
Atenas	2
Bagdá	3
Bangcoc	7
Berlim	1
Bogotá	-5
Bridgetown (Barbados)	-5
Bruxelas	1
Buenos Aires	-3
Cairo	2
Cape Town	2
Chicago	-6
Christchurch (Nova Zelândia)	12
Cidade de Cingapura	7
Cidade do México	-6
Cingapura	7
Colombo (Sri Lanka)	6
Dubai	3
Estocolmo	1 ½
Fiji	12
Gaborone (Botsuana)	1
Genebra	1
Hanói	6
Hong Kong	8
Islamabad	4
Istambul	2
Jacarta	7
Kuala Lumpur	7
Lagos	1

Lima (Nigéria)	-5
Lisboa	0
Los Angeles	-8
Madri	1
Manila	8
Marrakesh	-1
Moscou	3
Nairobi	3
Nicosia (Sicília)	2
Nova York	-5
Oslo	1
Paris	1
Pequim	8
Perth (Austrália Ocidental)	8
Reykjavik	-1
Riad	3
Rio de Janeiro	-3
Roma	1
Santiago do Chile	-5
São Paulo	-3
Seul	8
Sidney	10
Taipei	8
Teerã	2 ½
Tel-Aviv	2
Tóquio	9
Toronto	-5
Vancouver	-8
Varsóvia	1
Wellington	12

Horário de verão

A Hora de Greenwich é uma referência cronológica absoluta, e não se altera com as estações. Porém, muitos países adotam o horário de verão durante uma parte do ano, geralmente adiantando uma hora do tempo oficial. No Reino Unido os relógios vão para GMT +1 (Horário de Verão Britânico) no final de março e voltam ao normal no final de outubro. Outros ajustes de tempo no verão no hemisfério norte (do Horário Francês ao Horário do Havaí) seguem o mesmo padrão, adiantando o relógio em uma hora no verão. No hemisfério sul, onde as estações são opostas, o horário de verão começa em setembro e termina em fevereiro (no Brasil), em março (Chile) ou abril (Nova Zelândia). O horário de verão, que contribui para reduzir o consumo de energia, foi adotado em alguns estados da Austrália (não no Território do Norte ou Queensland**), Nova Zelândia, Chile, Brasil, ilhas Falkland (Malvinas), Paraguai, Uruguai, Namíbia e Antártida. Na Argentina, onde a adoção é recente, o verão só começa em 30 de dezembro.

Hora certa ao redor do mundo: www.timeanddate.com/worldclock/
Fusos horários: http://greenwichmeantime.com/info/timezone.htm
Mapa interativo dos fusos horários: www.timezonecheck.com/
Informações completas sobre o horário de verão: http://webexhibits.org/daylightsaving/g.html
Mapa do horário de verão: www.worldtimezone.com/daylight.html

Conversões internacionais essenciais

Para converter	*em*	*multiplique por*
Polegadas	Milímetros	25,4
Milímetros	Polegadas	0,04
Polegadas	Centímetros	2,54
Centímetros	Polegadas	0,39
Pés	Metros	0,30
Metros	Pés	3,28
Jardas	Metros	0,91
Metros	Jardas	1,09
Milhas	Quilômetros	1,61
Quilômetros	Milhas	0,62
Libras	Gramas	453,6
Gramas	Libras	0,002
Libras	Quilogramas	0,45
Quilogramas	Libras	2,20
Libras por polegada quadrada	Quilograma por centímetro quadrado	0,07
Quilograma por centímetro quadrado	Libras por polegada quadrada	14,2

* A Austrália Ocidental está adotando o Horário de Verão Experimental 2006-9.

Leituras adicionais

Os estudos interculturais começaram de forma mais séria e sistemática na década de 60, com o trabalho de Geert Hofstede e Edward T. e Mildred Hall, cujas obras *Culture's consequences* (*"Conseqüências da cultura"*) e *Understanding cultural differences* (*"Compreendendo as diferenças culturais")* são seminais, definindo conceitos fundamentais como culturas "monocrônica" e "policrônica" (Hall), "evitação da incerteza" (Hofstede), e assim por diante. Qualquer pessoa interessada em inteirar-se do tema deve ler esses autores antes de avançar para a obra de antropólogos e interculturalistas como Fons Trompenaars, Robert T. Moran, William Gudykunst, André Laurent, Simcha Ronen e Oded Shenkar. Outros especialistas interessantes entraram em campo mais recentemente, em geral acrescentando suas próprias tentativas de sistematização das complexas diferenças culturais do mundo. Nessa categoria, dois trabalhos dignos de nota são *Mind your nanners* (*"Tenha boas maneiras"*), de John Mole (inventor do Mapa Mole), e *When cultures collide* (*"Quando as culturas colidem"*), de Richard D. Lewis (inventor do Modelo Lewis de Tipos Culturais).

Numa chave mais prática, estão os guias voltados para os homens de negócios internacionais. Nos Estados Unidos, Roger E. Axtell, com *Do's and taboos around the world* (*"O que fazer e os tabus ao redor do nundo"*) foi pioneiro (1985), seguido de *Kiss, bow or shake hands: how to do business in sixty countries* (*"Beijo, reverência ou aperto de mãos: como fazer negócios em 60 países"*), de Terri Morrison, Wayne A. Conaway e George A. Borden, e a abrangente coleção *Global etiquette* (*"Etiqueta global")*, de Dean Foster. Já *When in Rome, Rio or Riyadh* (*"Quando em Roma, no Rio ou em Riad")*, de Gwyneth Olofsson, talvez seja mais acessível para o leitor em geral, particularmente porque o material não está dividido país a país. O guia *A survival kit for overseas living* (“*Kit de sobrevivência para viver no exterior*”), de Robert Kohls, também é repleto de boas sacadas.

A série *Culture shock!* (“*Choque de culturas!*”), de Kuperard, é um guia de costumes e etiquetas de países individuais, útil para os viajantes de um só destino, e mais recentemente ganhou a companhia dos guias rápidos *Culture smart* (“*Especialista em cultura*”), igualmente interessantes no esquema país por país. Para o Extremo Oriente, também considerei bastante útil *Understanding arabs* (“*Compreendendo os árabes*”), de Margaret Nydell, bem como *Don't they know it's friday* (“*Eles não sabem que é sexta-feira?*”), de Jeremy Williams. *The new russians* (“*Os novos russos*”), de Hedrick Smith, é um fascinante complemento ao original *The russians* (“*Os russos*”). Sobre a China contemporânea, posso recomendar *What the chinese don't eat* (“*O que os chineses não comem*”), de Xinran; sobre o Japão, *Atomic sushi* (“*Sushi atômico*”), de Simon May.

Fontes selecionadas

p. 20	"*Les Bises*": *What the chinese don't eat* ("*O que os chineses não comem*"), de Xinran (Vintage, 2006), pp. 11-13.
pp. 23-35	"Gestos": *Gestures: their origins and distributions* ("*Gestos: suas origens e distribuição*"), de Desmond Morris, Peter Collett, Peter Marash e Marie O'Shaughnessy (Triad/Granada, 1981). Também *Gestures: the do's and taboos of body language around the world* ("*Gestos: o que fazer e os tabus da linguagem corporal ao redor do mundo*"), de Roger E. Axtell (Wiley, 1998). "Le Camembert": Comissão de Turismo de Ile-de-France, Paris, www.cestsoparis.com.
p. 33	Estes exemplos de piropos e sua traduções vêm de uma lista bem maior, disponível em www.cyber-tango.com.
p. 51	"Bangalozado": *Observer*, 25 abr. 2004; *Sunday Times*, 17 out. 2004; *Christian Science Monitor*, 23 nov. 2004; *Guardian*, 6 nov. 2006; ver também *The queen's hinglish, how to speak pukka* ("*O hínglês da rainha: como falar pukka*"), de Baljinder K Mahal (Collins, 2006).
p. 52	"Bonjuer monsiér": para a confusão causada pela pronúncia errada do chinês por um norte-americano, ver *Gestures*, de Axtell, p. 16
p. 63	"Virando nativo": sobre as de contas usadas em Togo, ver *Gestures*, de Axtell, p. 4
p. 65	"Etiqueta tcheca": *Prague Post*, 16 nov. 2005

p. 67 "O que você consegue comprar com US$ 19,99?": Gabinete de Ética no Governo dos Estados Unidos, subparte B de Padrões de Conduta Ética para Funcionários do Setor Executivo, Seção 2625, 204.

p. 77 Estes exemplos de brindes alemães, além de outros, aparecem em About.com: língua alemã (www.german.about.com).

p. 86 "Ch'a": *Tea 4 you. A brief history of the nation's favourite beverage* [*"Chá para você. Uma breve história da bebiba favorita da nação"*]. Conselho do Chá do Reino Unido.

p. 93 "Oferecendo alegria": esta "oração de refeição" de Thich Nhat Hanh aparece, juntamente com outras, em *Dharma rain: sources of environmentalism* (*"Chuva do Darma: fontes de ambientalismo"*) (ed. Stephanie Kaza e Kenneth Kraft), Shambhala, 2000, p. 449.

p. 95, 101 "As colheres de Stálin" e "Olhos de ovelha": citações de "Diplomatic Dinners" (*"Jantares Diplomáticos"*), BBC Radio 4, 2006: noticiado em in BBC News, 10 out. 2006.

p. 113 "Ordem de Trabalho Correcional": National Library Board, Cingapura; www.ExpatSingapore.com.

p. 117 "Acidentes nas estradas: os 10 mais": *The economist pocket world in figures 2007* (*"O mundo em números"*, edição de bolso da revista *The Economist*) (Profile Books, 2006).

p. 131 "Pragmáticos": BBC News, 14 dez. 2005; *Financial Times*, 22 maio 2007; *Revista, Harvard Review of Latin America*, primavera de 2006.

p. 134 "Iguais a você"; *International Lesbian & Gay Association, World Legal Survey*; também "Direitos Homossexuais ao redor do mundo". (www.actwin.com/eatonohio/gay/world.htm).

p. 150 "Guerreiro corporativo": *Karoshi*, Hosokawa M., Tajiri S., Uehata T. (eds.). Tóquio, Japão: Roudou Keizai Sha. *Karoshi - Death from overwork: occupational health consequences of the japanese production management (Sixth Draft for International Journal of Health Services)* (*Karoshi - morte por excesso de trabalho: o gerenciamento da produção japonesa e conseqüências na saúde ocupacional"*). (4 fev. 1997) Katsuo Nishiyama e Jeffrey V. Johnson.

p. 166 Transparência Internacional: www.transparency.orh.

p. 164 "Cara-metade": ver www.inkaleisdoscope.wordpress.com/tag/mystique-audi-arabia. Também: *Girls of Riyadh* ("*Garotas de Riad*"), e Rajaa Alsanea (Penguin, 2007).

p. 166 "Mulheres açoitadas": ver *Tribe* ("*Tribo*"), de Bruce Parry (Penguin, 2007), capítulo 8, passim.

p. 168 "Romanticamente móvel": *Daily Telegraph*, 14 jan. 2007.

p. 169 "Matrimônio": número de 2005 do Fórum Federal Interagências de Estatísticas Sobre Crianças e Família, publicado em julho de 2007 em www.childstats.gov.

p. 177 "Aspectos do Amor": BBC News, 1° ago. 2003 e 27 nov. 2003; *Guardian*, 14 dez. 2006.

p. 198 "Esposas ressuscitadas": excertos de *The message of the Koran* ("*A mensagem do Alcorão*"), traduzido e explicado por Muhammad Asad, 1989. Sura 56:15-22, 34-7. Para comentário sobre a palavra "*hur*", ver *Virgins? What virgins?* ("*Virgens? Que Virgens?*") de Ibn Warraq, *Guardian Review*, 12 jan. 2002; também Christoph Luxenberg, *Die Syro-Aramäische Leart des Koran, Das Arabische Buch* (Berlin, 2000).

p. 235 Kalervo Oberg, *Cultural shock: adjustment to new cultural environment* ("*Choque cultural: adaptação ao novo ambiente cultural*"), in *Practical Anthropology* 7, p. 1777-82. Ver também L. Robert Kohls, *A Survival kit for Overseas Living*, p. 91-9.

p. 223 "*Hüzün*": ver Orhan Pamuk, *Istambul, memories of a city*, traduzido por Maureen Freely (Faber and faber, 2005), p. 81-96 (a edição brasileira: *Istambul, memória e cidade*, tradução Sergio Flaksman, de São Paulo, Companhia das Letras, 2007).

Índice

ESTE LIVRO FOI IMPRESSO EM PAPEL POLÉN SOFT 80G,
NA PROL EDITORA GRÁFICA. SÃO PAULO, BRASIL, INVERNO DE 2008.